T R A N Z L A T Y

La Langue est pour tout le Monde

Jazyk je pre každého

L'appel de la forêt

Volanie divočiny

Jack London

Français / Slovenčina

Dans le primitif
Do primitívu

Buck ne lisait pas les journaux
Buck nečítal noviny.
S'il avait lu les journaux, il aurait su que des problèmes se préparaient.
Keby si bol prečítal noviny, vedel by, že sa schyľuje k problémom.
Il y avait des problèmes non seulement pour lui-même, mais pour tous les chiens de la marée.
Problémy to nemal len on sám, ale každý pes loviaci prílivom a odlivom.
Tout chien musclé et aux poils longs et chauds allait avoir des ennuis.
Každý pes so silnými svalmi a teplou, dlhou srsťou bude mať problém.
De Puget Bay à San Diego, aucun chien ne pouvait échapper à ce qui allait arriver.
Od Puget Bay po San Diego sa žiadny pes nemohol vyhnúť tomu, čo malo prísť.
Des hommes, tâtonnant dans l'obscurité de l'Arctique, avaient trouvé un métal jaune.
Muži, tápajúci v arktickej tme, našli žltý kov.
Les compagnies de navigation et de transport étaient à la recherche de cette découverte.
Parníky a dopravné spoločnosti sa za objavom usilovali.
Des milliers d'hommes se précipitaient vers le Nord.
Tisíce mužov sa rútili do Severnej zeme.
Ces hommes voulaient des chiens, et les chiens qu'ils voulaient étaient des chiens lourds.
Títo muži chceli psy a psy, ktoré chceli, boli ťažké psy.
Chiens dotés de muscles puissants pour travailler.
Psy so silnými svalmi, s ktorými sa dajú namáhať.
Chiens avec des manteaux de fourrure pour les protéger du gel.
Psy s chlpatou srsťou, ktorá ich chráni pred mrazom.

Buck vivait dans une grande maison dans la vallée ensoleillée de Santa Clara.

Buck býval vo veľkom dome v slnkom zaliatom údolí Santa Clara.

La maison du juge Miller s'appelait ainsi.

Volal sa sudca Millerov dom.

Sa maison se trouvait en retrait de la route, à moitié cachée parmi les arbres.

Jeho dom stál v ústraní od cesty, napoly skrytý medzi stromami.

On pouvait apercevoir la large véranda qui courait autour de la maison.

Bolo možné zazrieť širokú verandu, ktorá sa tiahne okolo domu.

On accédait à la maison par des allées gravillonnées.

K domu sa blížilo po štrkových príjazdových cestách.

Les sentiers serpentaient à travers de vastes pelouses.

Chodníky sa kľukatili cez rozľahlé trávniky.

Au-dessus de nos têtes se trouvaient les branches entrelacées de grands peupliers.

Nad hlavou sa prepletali konáre vysokých topoľov.

À l'arrière de la maison, les choses étaient encore plus spacieuses.

V zadnej časti domu to bolo ešte priestrannejšie.

Il y avait de grandes écuries, où une douzaine de palefreniers discutaient

Boli tam veľké stajne, kde sa rozprávalo tucet podkoníchov

Il y avait des rangées de maisons de serviteurs recouvertes de vigne

Boli tam rady viničom obložených služobníckych domčekov

Et il y avait une gamme infinie et ordonnée de toilettes extérieures

A bola tam nekonečná a usporiadaná škála prístavieb

Longues tonnelles de vigne, pâturages verts, vergers et parcelles de baies.

Dlhé viničové arbory, zelené pastviny, sady a bobuľové záhrady.

Ensuite, il y avait l'usine de pompage du puits artésien.

Potom tu bola čerpacia stanica pre artézsku studňu.

Et il y avait le grand réservoir en ciment rempli d'eau.

A tam bola veľká cementová nádrž naplnená vodou.

C'est ici que les garçons du juge Miller ont fait leur plongeon matinal.

Tu sa chlapci sudcu Millera ranne ponorili do vody.

Et ils se sont rafraîchis là-bas aussi dans l'après-midi chaud.

A ochladili sa tam aj v horúcom popoludní.

Et sur ce grand domaine, Buck était celui qui régnait sur tout.

A nad touto veľkou doménou vládol Buck.

Buck est né sur cette terre et y a vécu toutes ses quatre années.

Buck sa narodil na tejto zemi a žil tu všetky svoje štyri roky.

Il y avait bien d'autres chiens, mais ils n'avaient pas vraiment d'importance.

Síce tam boli aj iné psy, ale tie v skutočnosti neboli dôležité.

D'autres chiens étaient attendus dans un endroit aussi vaste que celui-ci.

Na takom rozľahlom mieste sa očakávali aj iné psy.

Ces chiens allaient et venaient, ou vivaient à l'intérieur des chenils très fréquentés.

Tieto psy prichádzali a odchádzali, alebo žili v rušných kotercoch.

Certains chiens vivaient cachés dans la maison, comme Toots et Ysabel.

Niektoré psy žili schované v dome, ako napríklad Toots a Ysabel.

Toots était un carlin japonais, Ysabel un chien nu mexicain.

Toots bol japonský mops, Ysabel mexická bezsrstá pes.

Ces étranges créatures sortaient rarement de la maison.

Tieto zvláštne stvorenia len zriedka vyšli z domu.

Ils n'ont pas touché le sol, ni respiré l'air libre à l'extérieur.

Nedotkli sa zeme, ani neoňuchali čerstvý vzduch vonku.

Il y avait aussi les fox-terriers, au moins une vingtaine.
Boli tam aj foxteriéry, najmenej dvadsať.
Ces terriers aboyaient férocement sur Toots et Ysabel à l'intérieur.
Tieto teriéry zúrivo štekali na Tootsa a Ysabel vo vnútri.
Toots et Ysabel sont restés derrière les fenêtres, à l'abri du danger.
Toots a Ysabel zostali za oknami, v bezpečí pred nebezpečenstvom.
Ils étaient gardés par des domestiques munies de balais et de serpillères.
Strážili ich slúžky s metlami a mopmi.
Mais Buck n'était pas un chien de maison, et il n'était pas non plus un chien de chenil.
Ale Buck nebol domáci pes a nebol ani pes do búdy.
L'ensemble de la propriété appartenait à Buck comme son royaume légitime.
Celý majetok patril Buckovi ako jeho právoplatné kráľovstvo.
Buck nageait dans le réservoir ou partait à la chasse avec les fils du juge.
Buck plával v nádrži alebo chodil na poľovačku so sudcovými synmi.
Il marchait avec Mollie et Alice tôt ou tard le soir.
Prechádzal sa s Mollie a Alice v skorých alebo skorých ranných hodinách.
Lors des nuits froides, il s'allongeait devant le feu de la bibliothèque avec le juge.
Za chladných nocí ležal so sudcom pred krbom v knižnici.
Buck a promené les petits-fils du juge sur son dos robuste.
Buck vozil sudcových vnukov na svojom silnom chrbte.
Il roula dans l'herbe avec les garçons, les surveillant de près.
Váľal sa s chlapcami v tráve a pozorne ich strážil.
Ils s'aventurèrent jusqu'à la fontaine et même au-delà des champs de baies.
Odvážili sa k fontáne a dokonca aj okolo jahodových polí.
Parmi les fox terriers, Buck marchait toujours avec une fierté royale.

Medzi foxteriérmi sa Buck vždy prechádzal s kráľovskou hrdosťou.

Il ignora Toots et Ysabel, les traitant comme s'ils étaient de l'air.

Ignoroval Tootsa a Ysabel a správal sa k nim, akoby boli vzduch.

Buck régnait sur toutes les créatures vivantes sur les terres du juge Miller.

Buck vládol nad všetkými živými tvormi na pozemku sudcu Millera.

Il régnait sur les animaux, les insectes, les oiseaux et même les humains.

Vládol nad zvieratami, hmyzom, vtákmi a dokonca aj ľuďmi.

Le père de Buck, Elmo, était un énorme et fidèle Saint-Bernard.

Buckov otec Elmo bol obrovský a verný svätý Bernard.

Elmo n'a jamais quitté le juge et l'a servi fidèlement.

Elmo nikdy neopustil sudcov bok a verne mu slúžil.

Buck semblait prêt à suivre le noble exemple de son père.

Buck sa zdal byť pripravený nasledovať ušľachtilý príklad svojho otca.

Buck n'était pas aussi gros, pesant cent quarante livres.

Buck nebol až taký veľký, vážil sto štyridsať libier.

Sa mère, Shep, était un excellent chien de berger écossais.

Jeho matka, Shep, bola vynikajúci škótsky ovčiak.

Mais même avec ce poids, Buck marchait avec une présence royale.

Ale aj pri tej váhe Buck kráčal s kráľovskou eleganciou.

Cela venait de la bonne nourriture et du respect qu'il recevait toujours.

Pramenilo to z dobrého jedla a úcty, ktorej sa mu vždy dostávalo.

Pendant quatre ans, Buck a vécu comme un noble gâté.

Štyri roky žil Buck ako rozmaznaný šľachtic.

Il était fier de lui, et même légèrement égoïste.

Bol na seba hrdý a dokonca trochu egoistický.

Ce genre de fierté était courant chez les seigneurs des régions reculées.

Takýto druh hrdosti bol bežný u odľahlých vidieckych pánov.

Mais Buck s'est sauvé de devenir un chien de maison choyé.

Ale Buck sa zachránil pred tým, aby sa nestal rozmaznaným domácim psom.

Il est resté mince et fort grâce à la chasse et à l'exercice.

Vďaka lovu a cvičeniu zostal štíhly a silný.

Il aimait profondément l'eau, comme les gens qui se baignent dans les lacs froids.

Hlboko miloval vodu, ako ľudia, ktorí sa kúpu v studených jazerách.

Cet amour pour l'eau a gardé Buck fort et en très bonne santé.

Táto láska k vode udržiavala Bucka silného a veľmi zdravého.

C'était le chien que Buck était devenu à l'automne 1897.

Toto bol pes, ktorým sa Buck stal na jeseň roku 1897.

Lorsque la découverte du Klondike a attiré des hommes vers le Nord gelé.

Keď útok na Klondike stiahol mužov na zamrznutý sever.

Des gens du monde entier se sont précipités vers ce pays froid.

Ľudia z celého sveta sa hrnuli do chladnej krajiny.

Buck, cependant, ne lisait pas les journaux et ne comprenait pas les nouvelles.

Buck však nečítal noviny ani nerozumel správam.

Il ne savait pas que Manuel était un homme désagréable à fréquenter.

Nevedel, že Manuel je zlý človek.

Manuel, qui aidait au jardin, avait un problème grave.

Manuel, ktorý pomáhal v záhrade, mal vážny problém.

Manuel était accro aux jeux de loterie chinois.

Manuel bol závislý na hazardných hrách v čínskej lotérii.

Il croyait également fermement en un système fixe pour gagner.

Tiež silne veril v pevný systém víťazstva.

Cette croyance rendait son échec certain et inévitable.

Táto viera robila jeho zlyhanie istým a nevyhnutným.

Jouer un système exige de l'argent, ce qui manquait à Manuel.

Hranie systémom si vyžaduje peniaze, ktoré Manuelovi chýbali.

Son salaire suffisait à peine à subvenir aux besoins de sa femme et de ses nombreux enfants.

Jeho plat ledva uživil jeho manželku a mnoho detí.

La nuit où Manuel a trahi Buck, les choses étaient normales.

V noc, keď Manuel zradil Bucka, bolo všetko normálne.

Le juge était présent à une réunion de l'Association des producteurs de raisins secs.

Sudca bol na stretnutí Združenia pestovateľov hrozienok.

Les fils du juge étaient alors occupés à former un club d'athlétisme.

Sudcovi synovia boli vtedy zaneprázdnení zakladaním atletického klubu.

Personne n'a vu Manuel et Buck sortir par le verger.

Nikto nevidel Manuela a Bucka odchádzať cez sad.

Buck pensait que cette promenade n'était qu'une simple promenade nocturne.

Buck si myslel, že táto prechádzka bola len obyčajná nočná prechádzka.

Ils n'ont rencontré qu'un seul homme à la station du drapeau, à College Park.

Na vlajkovej stanici v College Parku stretli iba jedného muža.

Cet homme a parlé à Manuel et ils ont échangé de l'argent.

Ten muž sa rozprával s Manuelom a vymenili si peniaze.

« Emballez les marchandises avant de les livrer », a-t-il suggéré.

„Zabaľte tovar predtým, ako ho doručíte," navrhol.

La voix de l'homme était rauque et impatiente lorsqu'il parlait.

Mužov hlas bol drsný a netrpezlivý, keď hovoril.

Manuel a soigneusement attaché une corde épaisse autour du cou de Buck.

Manuel opatrne uviazal Buckovi okolo krku hrubé lano.

« Tournez la corde et vous l'étoufferez abondamment »

„Otoč lano a poriadne ho uškrtíš."

L'étranger émit un grognement, montrant qu'il comprenait bien.

Cudzinec zamrmlal, čím ukázal, že dobre rozumie.

Buck a accepté la corde avec calme et dignité tranquille ce jour-là.

Buck v ten deň prijal lano s pokojom a tichou dôstojnosťou.

C'était un acte inhabituel, mais Buck faisait confiance aux hommes qu'il connaissait.

Bol to nezvyčajný čin, ale Buck dôveroval mužom, ktorých poznal.

Il croyait que leur sagesse allait bien au-delà de sa propre pensée.

Veril, že ich múdrosť ďaleko presahuje jeho vlastné myslenie.

Mais ensuite la corde fut remise entre les mains de l'étranger.

Ale potom bolo lano podané do rúk cudzinca.

Buck émit un grognement sourd qui avertissait avec une menace silencieuse.

Buck potichu zavrčal, varujúc ho tichou hrozbou.

Il était fier et autoritaire, et voulait montrer son mécontentement.

Bol hrdý a panovačný a chcel dať najavo svoju nespokojnosť.

Buck pensait que son avertissement serait compris comme un ordre.

Buck veril, že jeho varovanie bude chápané ako rozkaz.

À sa grande surprise, la corde se resserra rapidement autour de son cou épais.

Na jeho prekvapenie sa lano rýchlo utiahlo okolo jeho hrubého krku.

Son air fut coupé et il commença à se battre dans une rage soudaine.

Zastavil sa mu dýchanie a v náhlom zúrivosti sa začal brániť.

Il s'est jeté sur l'homme, qui a rapidement rencontré Buck en plein vol.

Skočil na muža, ktorý sa rýchlo stretol s Buckom vo vzduchu.

L'homme attrapa Buck par la gorge et le fit habilement tourner dans les airs.

Muž chytil Bucka za hrdlo a šikovne ním skrútil vo vzduchu.

Buck a été violemment projeté au sol, atterrissant à plat sur le dos.

Bucka prudko zhodili na zem a dopadol na chrbát.

La corde l'étranglait alors cruellement tandis qu'il donnait des coups de pied sauvages.

Lano ho teraz kruto škrtilo, zatiaľ čo divoko kopal.

Sa langue tomba, sa poitrine se souleva, mais il ne reprit pas son souffle.

Jazyk mu vypadol, hruď sa mu dvíhala, ale nenadýchol sa.

Il n'avait jamais été traité avec une telle violence de sa vie.

V živote sa s ním nikdy nezaobchádzalo s takouto násilnosťou.

Il n'avait jamais été rempli d'une fureur aussi profonde auparavant.

Tiež ho nikdy predtým nenaplnil taký hlboký hnev.

Mais le pouvoir de Buck s'est estompé et ses yeux sont devenus vitreux.

Ale Buckova sila vyprchala a jeho oči sa zasklili.

Il s'est évanoui juste au moment où un train s'arrêtait à proximité.

Omdlel práve vo chvíli, keď neďaleko zastavil vlak.

Les deux hommes le jetèrent alors rapidement dans le fourgon à bagages.

Potom ho tí dvaja muži rýchlo hodili do batožinového vagóna.

La chose suivante que Buck ressentit fut une douleur dans sa langue enflée.

Ďalšia vec, ktorú Buck pocítil, bola bolesť v opuchnutom jazyku.

Il se déplaçait dans un chariot tremblant, à peine conscient.

Pohyboval sa v trasúcom sa vozíku a bol len matne pri vedomí.

Le cri aigu d'un sifflet de train indiqua à Buck où il se trouvait.

Ostré zapískanie vlakovej píšťalky prezradilo Buckovi, kde sa nachádza.

Il avait souvent roulé avec le juge et connaissait ce sentiment.

Často jazdil so Sudcom a poznal ten pocit.

C'était le choc unique de voyager à nouveau dans un fourgon à bagages.

Bol to opäť ten jedinečný pocit cestovania v batožinovom vagóne.

Buck ouvrit les yeux et son regard brûla de rage.

Buck otvoril oči a jeho pohľad horel zúrivosťou.

C'était la colère d'un roi fier déchu de son trône.

To bol hnev pyšného kráľa, ktorý bol zosadený z trónu.

Un homme a tenté de l'attraper, mais Buck a frappé en premier.

Muž sa natiahol, aby ho chytil, ale Buck ho namiesto toho udrel prvý.

Il enfonça ses dents dans la main de l'homme et la serra fermement.

Zaryl zuby do mužovej ruky a pevne ju držal.

Il ne l'a pas lâché jusqu'à ce qu'il s'évanouisse une deuxième fois.

Nepustil ho, kým druhýkrát nestratil vedomie.

« Ouais, il a des crises », murmura l'homme au bagagiste.

„Áno, má záchvaty," zamrmlal muž batožinárovi.

Le bagagiste avait entendu la lutte et s'était approché.

Doručovateľ batožiny počul zápas a priblížil sa.

« Je l'emmène à Frisco pour le patron », a expliqué l'homme.

„Beriem ho do Frisca kvôli šéfovi," vysvetlil muž.

« Il y a un excellent vétérinaire qui dit pouvoir les guérir. »

„Je tam jeden dobrý psí lekár, ktorý hovorí, že ich vie vyliečiť."

Plus tard dans la soirée, l'homme a donné son propre récit complet.

Neskôr v tú noc muž podal svoju vlastnú úplnú správu.

Il parlait depuis un hangar derrière un saloon sur les quais.

Hovoril z kôlne za salónom na dokoch.

« Tout ce qu'on m'a donné, c'était cinquante dollars », se plaignit-il au vendeur du saloon.

„Dostal som len päťdesiat dolárov," sťažoval sa predavačovi v salóne.

« Je ne le referais pas, même pour mille dollars en espèces. »

„Neurobil by som to znova, ani za tisícku v hotovosti."

Sa main droite était étroitement enveloppée dans un tissu ensanglanté.

Jeho pravá ruka bola pevne omotaná krvavou handričkou.

Son pantalon était déchiré du genou au pied.

Jeho nohavice boli roztrhnuté od kolena až po päty.

« Combien a été payé l'autre idiot ? » demanda le vendeur du saloon.

„Koľko dostal ten druhý hrnček?" spýtal sa predavač v salóne.

« Cent », répondit l'homme, « il n'accepterait pas un centime de moins. »

„Sto," odpovedal muž, „nevezme si ani cent menej."

« Cela fait cent cinquante », dit le vendeur du saloon.

„To je spolu stopäťdesiat," povedal majiteľ salónu.

« Et il vaut tout ça, sinon je ne suis pas meilleur qu'un imbécile. »

„A on za to všetko stojí, inak nie som o nič lepší ako hlupák."

L'homme ouvrit les emballages pour examiner sa main.

Muž otvoril obaly, aby si prezrel ruku.

La main était gravement déchirée et couverte de sang séché.

Ruka bola silne roztrhaná a pokrytá zaschnutou krvou.

« Si je n'ai pas l' hydrophobie... » commença-t-il à dire.

„Ak nedostanem hydrofóbiu..." začal hovoriť.

« Ce sera parce que tu es né pour être pendu », dit-il en riant.

„To bude preto, že si sa narodil na to, aby si visel," ozval sa smiech.

« Viens m'aider avant de partir », lui a-t-on demandé.

„Poď mi pomôcť, než pôjdeš," požiadali ho.

Buck était dans un état second à cause de la douleur dans sa langue et sa gorge.

Buck bol ako omámený od bolesti v jazyku a hrdle.

Il était à moitié étranglé et pouvait à peine se tenir debout.

Bol napoly uškrtený a ledva sa udržal na nohách.

Pourtant, Buck essayait de faire face aux hommes qui l'avaient blessé ainsi.

Buck sa však snažil čeliť mužom, ktorí mu tak ublížili.

Mais ils le jetèrent à terre et l'étranglèrent une fois de plus.

Ale zhodili ho na zem a znova ho uškrtili.

Ce n'est qu'à ce moment-là qu'ils ont pu scier son lourd collier de laiton.

Až potom mu mohli odpíliť ťažký mosadzný golier.

Ils ont retiré la corde et l'ont poussé dans une caisse.

Odstránili lano a natlačili ho do debny.

La caisse était petite et avait la forme d'une cage en fer brut.

Debna bola malá a mala tvar hrubej železnej klietky.

Buck resta allongé là toute la nuit, rempli de colère et d'orgueil blessé.

Buck tam ležal celú noc, plný hnevu a zranenej hrdosti.

Il ne pouvait pas commencer à comprendre ce qui lui arrivait.

Nedokázal začať chápať, čo sa s ním deje.

Pourquoi ces hommes étranges le gardaient-ils dans cette petite caisse ?

Prečo ho títo zvláštni muži držali v tejto malej debne?

Que voulaient-ils de lui et pourquoi cette cruelle captivité ?

Čo s ním chceli a prečo toto kruté zajatie?

Il ressentait une pression sombre, un sentiment de catastrophe qui se rapprochait.

Cítil temný tlak; pocit blížiacej sa katastrofy.

C'était une peur vague, mais elle pesait lourdement sur son esprit.

Bol to neurčitý strach, ale ťažko ho zasiahol.

Il a sursauté à plusieurs reprises lorsque la porte du hangar a claqué.

Niekoľkokrát vyskočil, keď zatraskli dvere kôlne.

Il s'attendait à ce que le juge ou les garçons apparaissent et le sauvent.

Očakával, že sa objaví sudca alebo chlapci a zachránia ho.

Mais à chaque fois, seul le gros visage du tenancier de bar apparaissait à l'intérieur.

Ale zakaždým nakukla dnu iba tučná tvár majiteľa salónu.

Le visage de l'homme était éclairé par la faible lueur d'une bougie de suif.

Mužovu tvár osvetľovalo slabé svetlo lojovej sviečky.

À chaque fois, l'aboiement joyeux de Buck se transformait en un grognement bas et colérique.

Buckovo radostné štekanie sa zakaždým zmenilo na tiché, nahnevané vrčanie.

Le tenancier du saloon l'a laissé seul pour la nuit dans la caisse

Prevádzkovateľ salónu ho nechal na noc samého v klietke.

Mais quand il se réveilla le matin, d'autres hommes arrivèrent.

Ale keď sa ráno zobudil, prichádzali ďalší muži.

Quatre hommes sont venus et ont ramassé la caisse avec précaution, sans un mot.

Prišli štyria muži a bez slova opatrne zdvihli debnu.

Buck comprit immédiatement dans quelle situation il se trouvait.

Buck si hneď uvedomil, v akej situácii sa nachádza.

Ils étaient d'autres bourreaux qu'il devait combattre et craindre.

Boli ďalšími mučiteľmi, s ktorými musel bojovať a ktorých sa musel báť.

Ces hommes avaient l'air méchants, en haillons et très mal soignés.

Títo muži vyzerali zlomyseľne, otrhane a veľmi zle upravene.

Buck grogna et se jeta férocement sur eux à travers les barreaux.

Buck zavrčal a zúrivo sa na nich vrhol cez mreže.

Ils se sont contentés de rire et de le frapper avec de longs bâtons en bois.

Len sa smiali a bodali doňho dlhými drevenými palicami.

Buck a mordu les bâtons, puis s'est rendu compte que c'était ce qu'ils aimaient.

Buck zahryzol do palíc a potom si uvedomil, že to majú radi.

Il s'allongea donc tranquillement, maussade et brûlant d'une rage silencieuse.

Tak si ticho ľahol, zachmúrený a horiaci tichým hnevom.

Ils ont soulevé la caisse dans un chariot et sont partis avec lui.

Zdvihli debnu do voza a odviezli ho preč.

La caisse, avec Buck enfermé à l'intérieur, changeait souvent de mains.

Debna s Buckom zamknutým vo vnútri často menila majiteľa.

Les employés du bureau express ont pris les choses en main et l'ont traité brièvement.

Úradníci expresnej kancelárie sa ujali velenia a krátko sa s ním vysporiadali.

Puis un autre chariot transporta Buck à travers la ville bruyante.

Potom ďalší voz viezol Bucka cez hlučné mesto.

Un camion l'a emmené avec des cartons et des colis sur un ferry.

Kamión ho spolu s krabicami a balíkmi naložil na trajekt.

Après la traversée, le camion l'a déchargé dans un dépôt ferroviaire.

Po prejdení cez cestu ho nákladné auto vyložilo na železničnej stanici.

Finalement, Buck fut placé dans une voiture express en attente.

Nakoniec Bucka umiestnili do čakajúceho rýchlika.

Pendant deux jours et deux nuits, les trains ont emporté la voiture express.

Dva dni a noci vlaky odťahovali rýchlik.

Buck n'a ni mangé ni bu pendant tout le douloureux voyage.

Buck počas celej bolestivej cesty nejedol ani nepil.

Lorsque les messagers express ont essayé de l'approcher, il a grogné.

Keď sa k nemu rýchli poslovia pokúsili priblížiť, zavrčal.

Ils ont réagi en se moquant de lui et en le taquinant cruellement.

Reagovali tým, že sa mu posmievali a kruto si ho doberali.

Buck se jeta sur les barreaux, écumant et tremblant

Buck sa vrhol na mreže, penil a triasol sa

ils ont ri bruyamment et l'ont raillé comme des brutes de cour d'école.

hlasno sa smiali a posmievali sa mu ako školskí tyrani.

Ils aboyaient comme de faux chiens et battaient des bras.

Štekali ako falošné psy a mávali rukami.

Ils ont même chanté comme des coqs juste pour le contrarier davantage.

Dokonca kikiríkali ako kohúty, len aby ho ešte viac rozrušili.

C'était un comportement stupide, et Buck savait que c'était ridicule.

Bolo to hlúpe správanie a Buck vedel, že je to smiešne.

Mais cela n'a fait qu'approfondir son sentiment d'indignation et de honte.

Ale to len prehĺbilo jeho pocit rozhorčenia a hanby.

Il n'a pas été trop dérangé par la faim pendant le voyage.

Počas cesty ho hlad veľmi netrápil.

Mais la soif provoquait une douleur aiguë et une souffrance insupportable.

Ale smäd prinášal ostrú bolesť a neznesiteľné utrpenie.

Sa gorge sèche et enflammée et sa langue brûlaient de chaleur.

Suché, zapálené hrdlo a jazyk ho pálili od horúčavy.

Cette douleur alimentait la fièvre qui montait dans son corps fier.

Táto bolesť živila horúčku stúpajúcu v jeho hrdom tele.

Buck était reconnaissant pour une seule chose au cours de ce procès.

Buck bol počas tohto súdneho procesu vďačný za jednu jedinú vec.

La corde avait été retirée de son cou épais.

Lano mu bolo stiahnuté z hrubého krku.

La corde avait donné à ces hommes un avantage injuste et cruel.

Lano poskytlo týmto mužom nespravodlivú a krutú výhodu.

Maintenant, la corde avait disparu et Buck jura qu'elle ne reviendrait jamais.

Teraz bolo lano preč a Buck prisahal, že sa už nikdy nevráti.

Il a décidé qu'aucune corde ne passerait plus jamais autour de son cou.

Rozhodol sa, že mu už nikdy nebude ovinuté žiadne lano okolo krku.

Pendant deux longs jours et deux longues nuits, il souffrit sans nourriture.

Dva dlhé dni a noci trpel bez jedla.

Et pendant ces heures, il a développé une énorme rage en lui.

A v tých hodinách v sebe nahromadil obrovský hnev.

Ses yeux sont devenus injectés de sang et sauvages à cause d'une colère constante.

Jeho oči boli podliate krvou a divoké od neustáleho hnevu.

Il n'était plus Buck, mais un démon aux mâchoires claquantes.

Už to nebol Buck, ale démon s cvakajúcimi čeľusťami.

Même le juge n'aurait pas reconnu cette créature folle.

Ani sudca by tohto šialeného tvora nespoznal.

Les messagers express ont soupiré de soulagement lorsqu'ils ont atteint Seattle

Expresní poslovia si s úľavou vzdychli, keď dorazili do Seattlu

Quatre hommes ont soulevé la caisse et l'ont amenée dans une cour arrière.

Štyria muži zdvihli debnu a odniesli ju na dvor.

La cour était petite, entourée de murs hauts et solides.

Dvor bol malý, ohradený vysokými a pevnými múrmi.

Un grand homme sortit, vêtu d'un pull rouge affaissé.

Vyšiel z nej veľký muž v ovisnutej červenej košeli.

Il a signé le carnet de livraison d'une écriture épaisse et audacieuse.

Doručovaciu knihu podpísal hrubým a tučným písmom.

Buck sentit immédiatement que cet homme était son prochain bourreau.

Buck okamžite vycítil, že tento muž je jeho ďalším mučiteľom.

Il se jeta violemment sur les barreaux, les yeux rouges de fureur.

Prudko sa vrhol na mreže, oči červené od zúrivosti.

L'homme sourit simplement sombrement et alla chercher une hachette.

Muž sa len temne usmial a išiel si priniesť sekerku.

Il portait également une massue dans sa main droite épaisse et forte.

Priniesol si aj palicu vo svojej hrubej a silnej pravej ruke.

« Tu vas le sortir maintenant ? » demanda le chauffeur, inquiet.

„Vyberiete ho teraz?" spýtal sa vodič znepokojene.

« Bien sûr », dit l'homme en enfonçant la hachette dans la caisse comme levier.

„Jasné," povedal muž a zapichol sekerku do debny ako páku.

Les quatre hommes se dispersèrent instantanément et sautèrent sur le mur de la cour.

Štyria muži sa okamžite rozpŕchli a vyskočili na múr dvora.

Depuis leurs endroits sûrs, ils attendaient d'assister au spectacle.

Zo svojich bezpečných miest hore čakali, kým uvidia túto podívanú.

Buck se jeta sur le bois éclaté, le mordant et le secouant violemment.

Buck sa vrhol na rozštiepené drevo, hrýzol a prudko sa triasol.

Chaque fois que la hachette touchait la cage, Buck était là pour l'attaquer.

Zakaždým, keď sekerka zasiahla klietku, Buck bol tam, aby na ňu zaútočil.

Il grogna et claqua des dents avec une rage folle, impatient d'être libéré.

Vrčal a štekal divokou zúrivosťou, dychtivý po oslobodení.

L'homme dehors était calme et stable, concentré sur sa tâche.

Muž vonku bol pokojný a vyrovnaný, sústredený na svoju úlohu.

« Bon, alors, espèce de diable aux yeux rouges », dit-il lorsque le trou fut grand.

„Dobre teda, ty červenooký diabol," povedal, keď sa diera zväčšila.

Il laissa tomber la hachette et prit le gourdin dans sa main droite.

Pustil sekerku a vzal palicu do pravej ruky.

Buck ressemblait vraiment à un diable ; les yeux injectés de sang et flamboyants.

Buck naozaj vyzeral ako diabol; oči mal podliate krvou a horeli.

Son pelage se hérissait, de la mousse s'échappait de sa bouche, ses yeux brillaient.

Srsť sa mu ježila, z úst sa mu tvorila pena a oči sa mu leskli.

Il rassembla ses muscles et se jeta directement sur le pull rouge.

Napol svaly a vrhol sa priamo na červený sveter.

Cent quarante livres de fureur s'abattèrent sur l'homme calme.

Na pokojného muža vyletelo stoštyridsať libier zúrivosti.

Juste avant que ses mâchoires ne se referment, un coup terrible le frappa.

Tesne predtým, ako zovrel čeľuste, ho zasiahla hrozná rana.

Ses dents claquèrent l'une contre l'autre, rien d'autre que l'air

Jeho zuby cvakali len o vzduch

une secousse de douleur résonna dans son corps

telom mu prešiel záblesk bolesti

Il a fait un saut périlleux en plein vol et s'est écrasé sur le dos et sur le côté.

Prevrátil sa vo vzduchu a zrútil sa na chrbát a bok.

Il n'avait jamais ressenti auparavant le coup d'un gourdin et ne pouvait pas le saisir.

Nikdy predtým necítil úder palicou a nevedel ho uchopiť.

Avec un grognement strident, mi-aboiement, mi-cri, il bondit à nouveau.

S prenikavým zavrčaním, čiastočne štekaním, čiastočne krikom, znova skočil.

Un autre coup brutal le frappa et le projeta au sol.

Zasiahol ho ďalší brutálny úder a zhodil ho na zem.

Cette fois, Buck comprit : c'était la lourde massue de l'homme.

Tentoraz Buck pochopil – bola to mužova ťažká palica.

Mais la rage l'aveuglait, et il n'avait aucune idée de retraite.

Ale zúrivosť ho oslepila a na ústup nepomyslel.

Douze fois il s'est lancé et douze fois il est tombé.

Dvanásťkrát sa vrhol a dvanásťkrát spadol.

Le gourdin en bois le frappait à chaque fois avec une force impitoyable et écrasante.

Drevená palica ho zakaždým rozdrvila s nemilosrdnou, drvivou silou.

Après un coup violent, il se releva en titubant, étourdi et lent.

Po jednom prudkom údere sa potácal na nohy, omámený a pomalý.

Du sang coulait de sa bouche, de son nez et même de ses oreilles.

Z úst, nosa a dokonca aj z uší mu tiekla krv.

Son pelage autrefois magnifique était maculé de mousse sanglante.

Jeho kedysi krásny kabát bol zašpinený krvavou penou.

Alors l'homme s'est avancé et a donné un coup violent au nez.

Potom muž pristúpil a zasadil mu poriadny úder do nosa.

L'agonie était plus vive que tout ce que Buck avait jamais ressenti.

Bolesť bola prudšia než čokoľvek, čo Buck kedy cítil.

Avec un rugissement plus bête que chien, il bondit à nouveau pour attaquer.

S revom, skôr zvieracím ako psím, znova skočil do útoku.

Mais l'homme attrapa sa mâchoire inférieure et la tourna vers l'arrière.

Ale muž ho chytil za spodnú čeľusť a skrútil ju dozadu.

Buck fit un saut périlleux et s'écrasa à nouveau violemment.

Buck sa prevrátil cez uši a znova tvrdo spadol.

Une dernière fois, Buck se précipita sur lui, maintenant à peine capable de se tenir debout.

Buck sa naňho naposledy vrhol, sotva dokázal stáť na nohách.

L'homme a frappé avec un timing expert, délivrant le coup final.

Muž udrel s expertným načasovaním a zasadil posledný úder.

Buck s'est effondré, inconscient et immobile.

Buck sa zrútil na kôpku, v bezvedomí a nehybne.

« Il n'est pas mauvais pour dresser les chiens, c'est ce que je dis », a crié un homme.

„Nie je to žiadny blázon v lámaní psov, to hovorím ja," zakričal muž.

« Druther peut briser la volonté d'un chien n'importe quel jour de la semaine. »

„Druther dokáže zlomiť vôľu psa hocikedy."

« Et deux fois un dimanche ! » a ajouté le chauffeur.

„A dvakrát v nedeľu!" dodal vodič.

Il monta dans le chariot et fit claquer les rênes pour partir.

Vyliezol do voza a štipol opraty, aby odišiel.

Buck a lentement repris le contrôle de sa conscience

Buck pomaly znovu nadobúdal kontrolu nad svojím vedomím.

mais son corps était encore trop faible et brisé pour bouger.

ale jeho telo bolo stále príliš slabé a zlomené na to, aby sa pohol.

Il resta allongé là où il était tombé, regardant l'homme au pull rouge.

Ležal tam, kde spadol, a sledoval muža v červenom svetri.

« Il répond au nom de Buck », dit l'homme en lisant à haute voix.

„Reaguje na meno Buck," povedal muž a čítal nahlas.

Il a cité la note envoyée avec la caisse de Buck et les détails.

Citoval zo správy, ktorá bola poslaná s Buckovou debnou a podrobnosťami.

« Eh bien, Buck, mon garçon », continua l'homme d'un ton amical,

„No, Buck, chlapče môj," pokračoval muž priateľským tónom,

« Nous avons eu notre petite dispute, et maintenant c'est fini entre nous. »

„Mali sme našu malú hádku a teraz je medzi nami koniec."

« Tu as appris à connaître ta place, et j'ai appris à connaître la mienne », a-t-il ajouté.

„Naučil si sa, kde je tvoje miesto, a ja som sa naučil svoje," dodal.

« Sois sage, tout ira bien et la vie sera agréable. »

„Buď dobrý a všetko pôjde dobre a život bude príjemný."

« Mais sois méchant, et je te botterai les fesses, compris ? »

„Ale ak budeš zlý, zmlátim ťa na smrť, rozumieš?"

Tandis qu'il parlait, il tendit la main et tapota la tête douloureuse de Buck.

Ako hovoril, natiahol ruku a pohladil Bucka po boľavej hlave.

Les cheveux de Buck se dressèrent au contact de l'homme, mais il ne résista pas.

Buckovi sa pri mužovom dotyku zježili vlasy, ale nekládol odpor.

L'homme lui apporta de l'eau, que Buck but à grandes gorgées.

Muž mu priniesol vodu, ktorú Buck pil veľkými dúškami.

Puis vint la viande crue, que Buck dévora morceau par morceau.

Potom prišlo surové mäso, ktoré Buck hltal kus za kusom.

Il savait qu'il était battu, mais il savait aussi qu'il n'était pas brisé.

Vedel, že je porazený, ale vedel aj to, že nie je zlomený.

Il n'avait aucune chance contre un homme armé d'une matraque.

Nemal šancu proti mužovi ozbrojenému kyjakom.

Il avait appris la vérité et il n'a jamais oublié cette leçon.

Poznal pravdu a na túto lekciu nikdy nezabudol.

Cette arme était le début de la loi dans le nouveau monde de Buck.

Táto zbraň bola začiatkom práva v Buckovom novom svete.

C'était le début d'un ordre dur et primitif qu'il ne pouvait nier.

Bol to začiatok drsného, primitívneho poriadku, ktorý nemohol poprieť.

Il accepta la vérité ; ses instincts sauvages étaient désormais éveillés.

Prijal pravdu; jeho divoké inštinkty sa teraz prebudili.

Le monde était devenu plus dur, mais Buck l'a affronté avec courage.

Svet sa stal drsnejším, ale Buck mu statočne čelil.

Il a affronté la vie avec une prudence, une ruse et une force tranquille nouvelles.

Život vítal s novou opatrnosťou, prefíkanosťou a tichou silou.

D'autres chiens sont arrivés, attachés dans des cordes ou des caisses comme Buck l'avait été.

Prišli ďalšie psy, priviazané v lanách alebo v klietkach ako predtým Buck.

Certains chiens sont venus calmement, d'autres ont fait rage et se sont battus comme des bêtes sauvages.

Niektoré psy prišli pokojne, iné zúrili a bojovali ako divé zvery.

Ils furent tous soumis au règne de l'homme au pull rouge.

Všetci boli podriadení mužovi v červenom svetri.

À chaque fois, Buck regardait et voyait la même leçon se dérouler.

Buck zakaždým sledoval a videl, ako sa odvíja tá istá lekcia.

L'homme avec la massue était la loi, un maître à obéir.

Muž s palicou bol zákon; pán, ktorého treba poslúchať.

Il n'avait pas besoin d'être aimé, mais il fallait qu'on lui obéisse.

Nemusel byť obľúbený, ale musel byť poslúchnutý.

Buck ne s'est jamais montré flatteur ni n'a remué la queue comme le faisaient les chiens plus faibles.

Buck sa nikdy nepodliezal ani nevŕtal ako slabšie psy.

Il a vu des chiens qui avaient été battus et qui continuaient à lécher la main de l'homme.

Videl zbité psy a napriek tomu olizovali mužovi ruku.

Il a vu un chien qui refusait d'obéir ou de se soumettre du tout.

Videl jedného psa, ktorý vôbec neposlúchal ani sa nepodriadil.

Ce chien s'est battu jusqu'à ce qu'il soit tué dans la bataille pour le contrôle.

Ten pes bojoval, až kým nebol zabitý v boji o kontrolu.

Des étrangers venaient parfois voir l'homme au pull rouge.

Muža v červenom svetri niekedy prichádzali pozrieť cudzinci.

Ils parlaient sur un ton étrange, suppliant, marchandant et riant.

Hovorili zvláštnym tónom, prosili, zjednávali a smiali sa.

Lors de l'échange d'argent, ils partaient avec un ou plusieurs chiens.

Keď sa vymieňali peniaze, odišli s jedným alebo viacerými psami.

Buck se demandait où étaient passés ces chiens, car aucun n'était jamais revenu.

Buck sa čudoval, kam sa tieto psy podeli, pretože sa už nikto nevrátil.

la peur de l'inconnu envahissait Buck chaque fois qu'un homme étrange venait

Strach z neznámeho napĺňal Bucka vždy, keď prišiel cudzí muž

il était content à chaque fois qu'un autre chien était pris, plutôt que lui-même.

Bol rád zakaždým, keď si vzali ďalšieho psa, a nie jeho samého.

Mais finalement, le tour de Buck arriva avec l'arrivée d'un homme étrange.

Ale nakoniec prišiel rad na Bucka s príchodom zvláštneho muža.

Il était petit, nerveux, parlait un anglais approximatif et jurait.

Bol malý, šľachovitý a hovoril lámanou angličtinou a nadával.

« Sacré-Dam ! » hurla-t-il en posant les yeux sur le corps de Buck.

„Sacredam!" zakričal, keď zbadal Buckovu postavu.

**« C'est un sacré chien tyrannique ! Hein ? Combien ? »
demanda-t-il à voix haute.**

„To je ale prekliaty tyran! Čože? Koľko?" spýtal sa nahlas.

« Trois cents, et c'est un cadeau à ce prix-là. »

„Tristo a za tú cenu je to darček,"

« Puisque c'est de l'argent du gouvernement, tu ne devrais pas te plaindre, Perrault. »

„Keďže sú to vládne peniaze, nemal by si sa sťažovať, Perrault."

Perrault sourit à l'idée de l'accord qu'il venait de conclure avec cet homme.

Perrault sa uškrnul nad dohodou, ktorú s tým mužom práve uzavrel.

Le prix des chiens a grimpé en flèche en raison de la demande soudaine.

Cena psov prudko vzrástla kvôli náhlemu dopytu.

Trois cents dollars, ce n'était pas injuste pour une si belle bête.

Tristo dolárov nebolo neférv za také skvelé zviera.

Le gouvernement canadien ne perdrait rien dans cet accord

Kanadská vláda by na dohode nič nestratila

Leurs dépêches officielles ne seraient pas non plus retardées en transit.

Ani ich oficiálne zásielky by sa počas prepravy nezdržiavali.

Perrault connaissait bien les chiens et pouvait voir que Buck était quelque chose de rare.

Perrault sa so psami dobre vyznal a videl, že Buck je niečo výnimočné.

« Un sur dix dix mille », pensa-t-il en étudiant la silhouette de Buck.

„Jeden z desiatich desaťtisíc," pomyslel si, zatiaľ čo skúmal Buckovu postavu.

Buck a vu l'argent changer de mains, mais n'a montré aucune surprise.

Buck videl, ako peniaze menia majiteľa, ale nedal najavo žiadne prekvapenie.

Bientôt, lui et Curly, un gentil Terre-Neuve, furent emmenés.

Čoskoro ho a Kučeraváho, mierneho novofundlandského psa, odviedli preč.

Ils suivirent le petit homme depuis la cour du pull rouge.

Nasledovali malého muža z dvora červeného svetra.

Ce fut la dernière fois que Buck vit l'homme avec la massue en bois.

To bolo posledné, čo Buck videl muža s drevenou palicou.

Depuis le pont du Narval, il regardait Seattle disparaître au loin.

Z paluby Narwhala sledoval, ako sa Seattle stráca v diaľke.

C'était aussi la dernière fois qu'il voyait le chaud Southland.

Bolo to tiež poslednýkrát, čo videl teplú Južnú krajinu.

Perrault les emmena sous le pont et les laissa à François.

Perrault ich vzal pod palubu a nechal ich s Françoisom.

François était un géant au visage noir, aux mains rugueuses et calleuses.

François bol obor s čiernou tvárou a drsnými, mozoľnatými rukami.

Il était brun et basané; un métis franco-canadien.

Bol tmavovlasý a snedý; kríženec Francúzko-Kanaďana.

Pour Buck, ces hommes étaient d'un genre qu'il n'avait jamais vu auparavant.

Buck považoval týchto mužov za niečo, akých ešte nikdy predtým nevidel.

Il allait connaître beaucoup d'autres hommes de ce genre dans les jours qui suivirent.

V nasledujúcich dňoch mal spoznať mnohých takýchto mužov.

Il ne s'est pas attaché à eux, mais il a appris à les respecter.

Neobľúbil si ich, ale začal si ich vážiť.

Ils étaient justes et sages, et ne se laissaient pas facilement tromper par un chien.

Boli spravodliví a múdri a žiadny pes ich nedal ľahko oklamať.

Ils jugeaient les chiens avec calme et ne les punissaient que lorsqu'ils le méritaient.

Psy posudzovali pokojne a trestali ich iba vtedy, keď si ich zaslúžili.

Sur le pont inférieur du Narwhal, Buck et Curly ont rencontré deux chiens.

V podpalubí lode Narwhal stretli Buck a Kučeravá dvoch psov.

L'un d'eux était un grand chien blanc venu du lointain et glacial Spitzberg.

Jeden bol veľký biely pes zo vzdialených, ľadových Špicbergov.

Il avait autrefois navigué avec un baleinier et rejoint un groupe d'enquête.

Kedysi sa plavil s veľrybárskou loďou a pridal sa k prieskumnej skupine.

Il était amical d'une manière sournoise, sournoise et rusée.

Bol priateľský, ale prefíkaným, zákerným a prefíkaným spôsobom.

Lors de leur premier repas, il a volé un morceau de viande dans la poêle de Buck.

Pri ich prvom jedle ukradol Buckovi z panvice kus mäsa.

Buck sauta pour le punir, mais le fouet de François frappa en premier.

Buck skočil, aby ho potrestal, ale Françoisov bič udrel prvý.

Le voleur blanc hurla et Buck récupéra l'os volé.

Biely zlodej zajačal a Buck si vzal späť ukradnutú kosť.

Cette équité impressionna Buck, et François gagna son respect.

Táto spravodlivosť na Bucka zapôsobila a François si zaslúžil jeho rešpekt.

L'autre chien ne lui a pas adressé de salut et n'en a pas voulu en retour.

Druhý pes nepozdravil a ani nechcel pozdrav na oplátku.

Il ne volait pas de nourriture et ne reniflait pas les nouveaux arrivants avec intérêt.

Nekradol jedlo, ani so záujmom neoňuchával novoprichádzajúcich.

Ce chien était sinistre et calme, sombre et lent.

Tento pes bol pochmúrny a tichý, pochmúrny a pomaly sa pohybujúci.

Il a averti Curly de rester à l'écart en la regardant simplement.

Varoval Kučeravá, aby sa držala ďalej, jednoduchým zamračeným pohľadom.

Son message était clair : laissez-moi tranquille ou il y aura des problèmes.

Jeho odkaz bol jasný: nechajte ma na pokoji, alebo budú problémy.

Il s'appelait Dave et il remarquait à peine son environnement.

Volal sa Dave a sotva si všímal svoje okolie.

Il dormait souvent, mangeait tranquillement et bâillait de temps en temps.

Často spal, potichu jedol a občas zíval.

Le navire ronronnait constamment avec le battement de l'hélice en dessous.

Loď neustále hučala s bijúcou vrtuľou pod ňou.

Les jours passèrent sans grand changement, mais le temps devint plus froid.

Dni plynuli s malou zmenou, ale počasie sa ochladilo.

Buck pouvait le sentir dans ses os et remarqua que les autres le faisaient aussi.

Buck to cítil až v kostiach a všimol si, že aj ostatní.

Puis un matin, l'hélice s'est arrêtée et tout est redevenu calme.

Potom jedného rána sa vrtuľa zastavila a všetko stíchlo.

Une énergie parcourut le vaisseau ; quelque chose avait changé.

Loďou prešla energia; niečo sa zmenilo.

François est descendu, les a attachés en laisse et les a remontés.

François zišiel dole, pripútal ich na vodítka a vyviedol ich hore.

Buck sortit et trouva le sol doux, blanc et froid.

Buck vyšiel von a zistil, že zem je mäkká, biela a studená.

Il sursauta en arrière, alarmé, et renifla, totalement confus.

Zľaknuto odskočil a zmätene si odfrkol.

Une étrange substance blanche tombait du ciel gris.

Z sivej oblohy padala zvláštna biela hmota.

Il se secoua, mais les flocons blancs continuaient à atterrir sur lui.

Striasol sa, ale biele vločky naňho stále dopadali.

Il renifla soigneusement la substance blanche et lécha quelques morceaux glacés.

Opatrne ovoňal bielu hmotu a olízal si pár ľadových kúskov.

La poudre brûla comme du feu, puis disparut de sa langue.

Prášok pálil ako oheň a potom mu z jazyka zmizol.

Buck essaya à nouveau, intrigué par l'étrange froideur qui disparaissait.

Buck to skúsil znova, zmätený zvláštnym miznúcim chladom.

Les hommes autour de lui rirent et Buck se sentit gêné.

Muži okolo neho sa zasmiali a Buck sa cítil trápne.

Il ne savait pas pourquoi, mais il avait honte de sa réaction.

Nevedel prečo, ale hanbil sa za svoju reakciu.

C'était sa première expérience avec la neige, et cela le dérouta.

Bola to jeho prvá skúsenosť so snehom a zmiatlo ho to.

La loi du gourdin et des crocs
Zákon klubu a tesáka

Le premier jour de Buck sur la plage de Dyea ressemblait à un terrible cauchemar.

Buckov prvý deň na pláži Dyea sa zdal ako hrozná nočná mora.

Chaque heure apportait de nouveaux chocs et des changements inattendus pour Buck.

Každá hodina prinášala Buckovi nové šoky a neočakávané zmeny.

Il avait été arraché à la civilisation et jeté dans un chaos sauvage.

Bol vytrhnutý z civilizácie a vrhnutý do divokého chaosu.

Ce n'était pas une vie ensoleillée et paresseuse, faite d'ennui et de repos.

Toto nebol žiadny slnečný, lenivý život plný nudy a odpočinku.

Il n'y avait pas de paix, pas de repos, et pas un instant sans danger.

Nebol žiadny pokoj, žiadny odpočinok a žiadna chvíľa bez nebezpečenstva.

La confusion régnait sur tout et le danger était toujours proche.

Všade vládol zmätok a nebezpečenstvo bolo vždy nablízku.

Buck devait rester vigilant car ces hommes et ces chiens étaient différents.

Buck musel zostať v strehu, pretože títo muži a psy boli iní.

Ils n'étaient pas originaires des villes ; ils étaient sauvages et sans pitié.

Neboli z miest; boli divokí a bez milosti.

Ces hommes et ces chiens ne connaissaient que la loi du gourdin et des crocs.

Títo muži a psy poznali len zákon kyja a tesáka.

Buck n'avait jamais vu de chiens se battre comme ces huskies sauvages.

Buck nikdy nevidel psy biť sa tak, ako títo divocí huskyovia.

Sa première expérience lui a appris une leçon qu'il n'oublierait jamais.

Jeho prvá skúsenosť ho naučila lekciu, na ktorú nikdy nezabudne.

Il a eu de la chance que ce ne soit pas lui, sinon il serait mort aussi.

Mal šťastie, že to nebol on, inak by tiež zomrel.

Curly était celui qui souffrait tandis que Buck regardait et apprenait.

Kučeravá bol ten, kto trpel, zatiaľ čo Buck sa pozeral a učil.

Ils avaient installé leur campement près d'un magasin construit en rondins.

Utáborili sa neďaleko skladu postaveného z kmeňov guľatiny.

Curly a essayé d'être amical avec un grand husky ressemblant à un loup.

Kučeravá sa snažil byť priateľský k veľkému huskymu podobnému vlkovi.

Le husky était plus petit que Curly, mais avait l'air sauvage et méchant.

Husky bol menší ako Kučeravá, ale vyzeral divoko a zlomyseľne.

Sans prévenir, il a sauté et lui a ouvert le visage.

Bez varovania skočil a rozrezal jej tvár.

Ses dents lui coupèrent l'œil jusqu'à sa mâchoire en un seul mouvement.

Jeho zuby jej jedným ťahom prerezali od oka až po čeľusť.

C'est ainsi que les loups se battaient : ils frappaient vite et sautaient loin.

Takto bojovali vlci – rýchlo udreli a odskočili.

Mais il y avait plus à apprendre que de cette seule attaque.

Ale z toho jedného útoku sa dalo naučiť viac.

Des dizaines de huskies se sont précipités et ont formé un cercle silencieux.

Desiatky huskyov sa vrútili dnu a vytvorili tichý kruh.

Ils regardaient attentivement et se léchaient les lèvres avec faim.

Pozorne sledovali a od hladu si oblizovali pery.

Buck ne comprenait pas leur silence ni leurs regards avides.
Buck nechápal ich mlčanie ani ich dychtivé oči.
Curly s'est précipité pour attaquer le husky une deuxième fois.
Kučeravá sa ponáhľal zaútočiť na huskyho druhýkrát.
Il a utilisé sa poitrine pour la renverser avec un mouvement puissant.
Silným pohybom ju zrazil na zem hrudníkom.
Elle est tombée sur le côté et n'a pas pu se relever.
Spadla na bok a nedokázala sa znova postaviť.
C'est ce que les autres attendaient depuis le début.
Na to ostatní čakali celú dobu.
Les huskies ont sauté sur elle, hurlant et grognant avec frénésie.
Husky na ňu skočili, zúrivo kňučali a vrčali.
Elle a crié alors qu'ils l'enterraient sous un tas de chiens.
Kričala, keď ju pochovali pod kopou psov.
L'attaque fut si rapide que Buck resta figé sur place sous le choc.
Útok bol taký rýchly, že Buck od šoku stuhol na mieste.
Il vit Spitz tirer la langue d'une manière qui ressemblait à un rire.
Videl, ako Spitz vyplazil jazyk spôsobom, ktorý vyzeral ako smiech.
François a attrapé une hache et a couru droit vers le groupe de chiens.
François schmatol sekeru a vbehol priamo do skupiny psov.
Trois autres hommes ont utilisé des gourdins pour aider à repousser les huskies.
Traja ďalší muži použili palice, aby odohnali huskyov.
En seulement deux minutes, le combat était terminé et les chiens avaient disparu.
O dve minúty sa boj skončil a psy boli preč.
Curly gisait morte dans la neige rouge et piétinée, son corps déchiré.
Kučeravá ležala mŕtva v červenom, ušliapanom snehu, telo roztrhané na kusy.

Un homme à la peau sombre se tenait au-dessus d'elle, maudissant la scène brutale.
Nad ňou stál tmavovlasý muž a preklínal tú brutálnu scénu.
Le souvenir est resté avec Buck et a hanté ses rêves la nuit.
Spomienka zostala s Buckom a prenasledovala ho v noci v snoch.
C'était comme ça ici : pas d'équité, pas de seconde chance.
Tak to tu bolo; žiadna spravodlivosť, žiadna druhá šanca.
Une fois qu'un chien tombait, les autres le tuaient sans pitié.
Keď pes spadol, ostatní ho bez milosti zabili.
Buck décida alors qu'il ne se permettrait jamais de tomber.
Buck sa vtedy rozhodol, že si nikdy nedovolí padnúť.
Spitz tira à nouveau la langue et rit du sang.
Spitz znova vyplazil jazyk a zasmial sa na krvi.
À partir de ce moment-là, Buck détesta Spitz de tout son cœur.
Od tej chvíle Buck nenávidel Spitza celým svojím srdcom.

Avant que Buck ne puisse se remettre de la mort de Curly, quelque chose de nouveau s'est produit.
Skôr než sa Buck stihol spamätať z Kučeraváho smrti, stalo sa niečo nové.
François s'est approché et a attaché quelque chose autour du corps de Buck.
François prišiel a pripútal Buckovi niečo okolo tela.
C'était un harnais comme ceux utilisés sur les chevaux du ranch.
Bol to postroj, aký používajú na kone na ranči.
Comme Buck avait vu les chevaux travailler, il devait maintenant travailler aussi.
Tak ako Buck videl pracovať kone, teraz musel pracovať aj on.
Il a dû tirer François sur un traîneau dans la forêt voisine.
Musel Françoisa odtiahnuť na saniach do neďalekého lesa.
Il a ensuite dû ramener une lourde charge de bois de chauffage.
Potom musel odtiahnuť náklad ťažkého palivového dreva.

Buck était fier, donc cela lui faisait mal d'être traité comme un animal de travail.

Buck bol hrdý, takže ho bolelo, že sa s ním zaobchádzalo ako s pracovným zvieraťom.

Mais il était sage et n'a pas essayé de lutter contre la nouvelle situation.

Ale bol múdry a nesnažil sa bojovať s novou situáciou.

Il a accepté sa nouvelle vie et a donné le meilleur de lui-même dans chaque tâche.

Prijal svoj nový život a v každej úlohe vydal zo seba maximum.

Tout ce qui concernait ce travail lui était étrange et inconnu.

Všetko na tej práci mu bolo zvláštne a neznáme.

François était strict et exigeait l'obéissance sans délai.

François bol prísny a vyžadoval poslušnosť bez meškania.

Son fouet garantissait que chaque ordre soit exécuté immédiatement.

Jeho bič zabezpečil, aby bol každý povel splnený naraz.

Dave était le conducteur du traîneau, le chien le plus proche du traîneau derrière Buck.

Dave bol kolesár, pes najbližšie k saniam za Buckom.

Dave mordait Buck sur les pattes arrière s'il faisait une erreur.

Dave pohrýzol Bucka do zadných nôh, ak urobil chybu.

Spitz était le chien de tête, compétent et expérimenté dans ce rôle.

Špic bol vedúcim psom, zručným a skúseným v tejto úlohe.

Spitz ne pouvait pas atteindre Buck facilement, mais il le corrigea quand même.

Spitz sa k Buckovi ľahko nedostal, ale aj tak ho opravil.

Il grognait durement ou tirait le traîneau d'une manière qui enseignait à Buck.

Drsné zavrčanie alebo ťahanie saní spôsobmi, ktoré Bucka učili.

Grâce à cette formation, Buck a appris plus vite que ce qu'ils avaient imaginé.

Vďaka tomuto výcviku sa Buck učil rýchlejšie, než ktokoľvek z nich očakával.

Il a travaillé dur et a appris de François et des autres chiens.

Tvrdo pracoval a učil sa od Françoisa aj od ostatných psov.

À leur retour, Buck connaissait déjà les commandes clés.

Keď sa vrátili, Buck už poznal kľúčové povely.

Il a appris à s'arrêter au son « ho » de François.

Naučil sa zastaviť pri zvuku „ho" od Françoisa.

Il a appris quand il a dû tirer le traîneau et courir.

Naučil sa, kedy musí ťahať sane a bežať.

Il a appris à tourner largement dans les virages du sentier sans difficulté.

Naučil sa bez problémov široko zatáčať v zákrutách na chodníku.

Il a également appris à éviter Dave lorsque le traîneau descendait rapidement.

Tiež sa naučil vyhýbať Daveovi, keď sa sane rýchlo schádzali z kopca.

« Ce sont de très bons chiens », dit fièrement François à Perrault.

„Sú to veľmi dobrí psi," povedal François hrdo Perraultovi.

« Ce Buck tire comme un dingue, je lui apprends vite fait. »

„Ten Buck ťahá ako čert – učím ho to najrýchlejšie."

Plus tard dans la journée, Perrault est revenu avec deux autres chiens husky.

Neskôr v ten deň sa Perrault vrátil s ďalšími dvoma huskymi.

Ils s'appelaient Billee et Joe, et ils étaient frères.

Volali sa Billee a Joe a boli bratia.

Ils venaient de la même mère, mais ne se ressemblaient pas du tout.

Pochádzali z tej istej matky, ale vôbec sa na seba nepodobali.

Billee était de nature douce et très amicale avec tout le monde.

Billee bola milá a ku každému až príliš priateľská.

Joe était tout le contraire : calme, en colère et toujours en train de grogner.

Joe bol pravý opak – tichý, nahnevaný a stále vrčajúci.

Buck les a accueillis de manière amicale et s'est montré calme avec eux deux.

Buck ich priateľsky pozdravil a bol k obom pokojný.

Dave ne leur prêta aucune attention et resta silencieux comme d'habitude.

Dave si ich nevšímal a ako zvyčajne mlčal.

Spitz a attaqué d'abord Billee, puis Joe, pour montrer sa domination.

Spitz zaútočil najprv na Billeeho a potom na Joea, aby ukázal svoju dominanciu.

Billee remua la queue et essaya d'être amical avec Spitz.

Billee vrtel chvostom a snažil sa byť k Spitzovi priateľský.

Lorsque cela n'a pas fonctionné, il a essayé de s'enfuir à la place.

Keď to nevyšlo, pokúsil sa radšej utiecť.

Il a pleuré tristement lorsque Spitz l'a mordu fort sur le côté.

Smutne plakal, keď ho Spitz silno uhryzol do boku.

Mais Joe était très différent et refusait d'être intimidé.

Ale Joe bol veľmi odlišný a odmietol sa nechať šikanovať.

Chaque fois que Spitz s'approchait, Joe se retournait pour lui faire face rapidement.

Vždy, keď sa Spitz priblížil, Joe sa k nemu rýchlo otočil.

Sa fourrure se hérissa, ses lèvres se retroussèrent et ses dents claquèrent sauvagement.

Srsť sa mu ježila, pery sa mu skrivili a zuby divoko cvakali.

Les yeux de Joe brillaient de peur et de rage, défiant Spitz de frapper.

Joeove oči sa leskli strachom a zúrivosťou a vyzýval Spitza k úderu.

Spitz abandonna le combat et se détourna, humilié et en colère.

Spitz vzdal boj a odvrátil sa, ponížený a nahnevaný.

Il a déversé sa frustration sur le pauvre Billee et l'a chassé.

Vybil si svoju frustráciu na úbohom Billeem a odohnal ho.

Ce soir-là, Perrault ajouta un chien de plus à l'équipe.

V ten večer Perrault pridal do tímu ešte jedného psa.

Ce chien était vieux, maigre et couvert de cicatrices de guerre.

Tento pes bol starý, chudý a pokrytý bojovými jazvami.

L'un de ses yeux manquait, mais l'autre brillait de puissance.

Jedno jeho oko chýbalo, ale druhé žiarilo silou.

Le nom du nouveau chien était Solleks, ce qui signifiait « celui qui est en colère ».

Nový pes sa volal Solleks, čo znamená Nahnevaný.

Comme Dave, Solleks ne demandait rien aux autres et ne donnait rien en retour.

Rovnako ako Dave, ani Solleks od ostatných nič nežiadal a nič im ani nedával.

Lorsque Solleks entra lentement dans le camp, même Spitz resta à l'écart.

Keď Solleks pomaly vošiel do tábora, dokonca aj Spitz zostal preč.

Il avait une étrange habitude que Buck a eu la malchance de découvrir.

Mal zvláštny zvyk, ktorý Buck, žiaľ, objavil.

Solleks détestait qu'on l'approche du côté où il était aveugle.

Solleks neznášal, keď sa k nemu priblížili zo strany, kde bol slepý.

Buck ne le savait pas et a fait cette erreur par accident.

Buck to nevedel a tú chybu urobil omylom.

Solleks se retourna et frappa l'épaule de Buck profondément et rapidement.

Solleks sa otočil a rýchlo a hlboko sekol Bucka do ramena.

À partir de ce moment, Buck ne s'est plus jamais approché du côté aveugle de Solleks.

Od tej chvíle sa Buck nikdy nepriblížil k Solleksovej slepej strane.

Ils n'ont plus jamais eu de problèmes pendant le reste de leur temps ensemble.

Po zvyšok času, ktorý spolu strávili, už nikdy nemali problémy.

Solleks voulait seulement être laissé seul, comme le calme Dave.

Solleks chcel len zostať sám, ako tichý Dave.

Mais Buck apprendra plus tard qu'ils avaient chacun un autre objectif secret.

Buck sa však neskôr dozvedel, že každý z nich mal ešte jeden tajný cieľ.

Cette nuit-là, Buck a dû faire face à un nouveau défi troublant : comment dormir.

Tú noc čelil Buck novej a znepokojujúcej výzve – ako spať.

La tente brillait chaleureusement à la lumière des bougies dans le champ enneigé.

Stan sa v zasneženom poli teplým svetlom sviečok rozžiaral.

Buck entra, pensant qu'il pourrait se reposer là comme avant.

Buck vošiel dnu a pomyslel si, že si tam môže oddýchnuť ako predtým.

Mais Perrault et François lui criaient dessus et lui jetaient des casseroles.

Ale Perrault a François naňho kričali a hádzali panvice.

Choqué et confus, Buck s'est enfui dans le froid glacial.

Šokovaný a zmätený Buck vybehol von do mrazivého chladu.

Un vent glacial piquait son épaule blessée et lui gelait les pattes.

Do zraneného ramena ho štípal ostrý vietor a omrzli mu laby.

Il s'est allongé dans la neige et a essayé de dormir à la belle étoile.

Ľahol si do snehu a snažil sa spať vonku pod holým nebom.

Mais le froid l'obligea bientôt à se relever, tremblant terriblement.

Ale zima ho čoskoro prinútila vstať, silno sa triasol.

Il erra dans le camp, essayant de trouver un endroit plus chaud.

Prechádzal sa po tábore a hľadal teplejšie miesto.

Mais chaque coin était aussi froid que le précédent.

Ale každý kút bol rovnako studený ako ten predchádzajúci.

Parfois, des chiens sauvages sautaient sur lui dans l'obscurité.

Niekedy naňho z tmy vyskočili divé psy.

Buck hérissa sa fourrure, montra ses dents et grogna en signe d'avertissement.

Buck si naježil srsť, vyceril zuby a varovne zavrčal.

Il apprenait vite et les autres chiens reculaient rapidement.

Rýchlo sa učil a ostatné psy rýchlo cúvali.

Il n'avait toujours pas d'endroit où dormir et ne savait pas quoi faire.

Stále nemal kde spať a netušil, čo má robiť.

Finalement, une pensée lui vint : aller voir ses coéquipiers.

Nakoniec ho napadla myšlienka – skontrolovať svojich spoluhráčov.

Il est retourné dans leur région et a été surpris de les trouver partis.

Vrátil sa do ich oblasti a s prekvapením zistil, že sú preč.

Il chercha à nouveau dans le camp, mais ne parvint toujours pas à les trouver.

Znova prehľadal tábor, ale stále ich nemohol nájsť.

Il savait qu'ils ne pouvaient pas être dans la tente, sinon il le serait aussi.

Vedel, že nemôžu byť v stane, inak by tam bol aj on.

Alors, où étaient passés tous les chiens dans ce camp gelé ?

Tak kam sa podeli všetky psy v tomto zamrznutom tábore?

Buck, froid et misérable, tournait lentement autour de la tente.

Buck, premrznutý a nešťastný, pomaly krúžil okolo stanu.

Soudain, ses pattes avant s'enfoncèrent dans la neige molle et le surprit.

Zrazu sa mu predné nohy zaborili do mäkkého snehu a vyľakali ho.

Quelque chose se tortilla sous ses pieds et il sursauta en arrière, effrayé.

Niečo sa mu mihlo pod nohami a on od strachu cúvol.

Il grogna et grogna, ne sachant pas ce qui se cachait sous la neige.

Vrčal a vrčal, nevediac, čo sa skrýva pod snehom.

Puis il entendit un petit aboiement amical qui apaisa sa peur.

Potom začul priateľské tiché štekanie, ktoré zmiernilo jeho strach.

Il renifla l'air et s'approcha pour voir ce qui était caché.

Natiahol vzduch a priblížil sa, aby videl, čo sa skrýva.

Sous la neige, recroquevillée en boule chaude, se trouvait la petite Billee.

Pod snehom, schúlená do teplej klbka, ležala malá Billee.

Billee remua la queue et lécha le visage de Buck pour le saluer.

Billee zavrtel chvostom a olízal Buckovi tvár na pozdrav.

Buck a vu comment Billee avait fabriqué un endroit pour dormir dans la neige.

Buck videl, ako si Billee urobila miesto na spanie v snehu.

Il avait creusé et utilisé sa propre chaleur pour rester au chaud.

Vykopal si pôdu a využíval vlastné teplo, aby sa zohrial.

Buck avait appris une autre leçon : c'est ainsi que les chiens dormaient.

Buck sa naučil ďalšiu lekciu – takto spali psy.

Il a choisi un endroit et a commencé à creuser son propre trou dans la neige.

Vybral si miesto a začal si kopať dieru v snehu.

Au début, il bougeait trop et gaspillait de l'énergie.

Spočiatku sa príliš veľa pohyboval a plytval energiou.

Mais bientôt son corps réchauffa l'espace et il se sentit en sécurité.

Ale čoskoro jeho telo zohrialo priestor a on sa cítil bezpečne.

Il se recroquevilla étroitement et, peu de temps après, il s'endormit profondément.

Pevne sa schúlil a onedlho tvrdo zaspal.

La journée avait été longue et dure, et Buck était épuisé.

Deň bol dlhý a ťažký a Buck bol vyčerpaný.

Il dormait profondément et confortablement, même si ses rêves étaient fous.

Spal hlboko a pohodlne, hoci jeho sny boli divoké.

Il grognait et aboyait dans son sommeil, se tordant pendant qu'il rêvait.

V spánku vrčal a štekal a pri snívaní sa krútil.

Buck ne s'est réveillé que lorsque le camp était déjà en train de prendre vie.

Buck sa zobudil až vtedy, keď sa tábor prebúdzal k životu.

Au début, il ne savait pas où il était ni ce qui s'était passé.

Najprv nevedel, kde je alebo čo sa stalo.

La neige était tombée pendant la nuit et avait complètement enseveli son corps.

V noci napadol sneh a jeho telo úplne pochoval.

La neige se pressait autour de lui, serrée de tous côtés.

Sneh ho obklopoval, pevne zo všetkých strán.

Soudain, une vague de peur traversa tout le corps de Buck.

Zrazu Buckovým telom prebehla vlna strachu.

C'était la peur d'être piégé, une peur venue d'instincts profonds.

Bol to strach z uväznenia, strach prameniaci z hlbokých inštinktov.

Bien qu'il n'ait jamais vu de piège, la peur vivait en lui.

Hoci nikdy nevidel pascu, strach v ňom žil.

C'était un chien apprivoisé, mais maintenant ses vieux instincts sauvages se réveillaient.

Bol to krotký pes, ale teraz sa v ňom prebúdzali staré divoké inštinkty.

Les muscles de Buck se tendirent et sa fourrure se dressa sur tout son dos.

Buckove svaly sa napli a srsť sa mu zježila po celom chrbte.

Il grogna férocement et bondit droit dans la neige.

Zúrivo zavrčal a vyskočil priamo hore cez sneh.

La neige volait dans toutes les directions alors qu'il faisait irruption dans la lumière du jour.

Sneh lietal na všetky strany, keď vtrhol do denného svetla.

Avant même d'atterrir, Buck vit le camp s'étendre devant lui.

Ešte pred pristátím Buck uvidel tábor rozprestierajúci sa pred ním.

Il se souvenait de tout ce qui s'était passé la veille, d'un seul coup.

Zrazu si spomenul na všetko z predchádzajúceho dňa.

Il se souvenait d'avoir flâné avec Manuel et d'avoir fini à cet endroit.

Spomenul si, ako sa prechádzal s Manuelom a ako skončil na tomto mieste.

Il se souvenait avoir creusé le trou et s'être endormi dans le froid.

Spomenul si, ako vykopal jamu a zaspal v zime.

Maintenant, il était réveillé et le monde sauvage qui l'entourait était clair.

Teraz bol hore a divoký svet okolo neho bol jasný.

Un cri de François salua l'apparition soudaine de Buck.

Françoisov výkrik privítal Buckov náhly príchod.

« Qu'est-ce que j'ai dit ? » cria le conducteur du chien à Perrault.

„Čo som povedal?" kričal nahlas vodič psa na Perraulta.

« Ce Buck apprend vraiment très vite », a ajouté François.

„Ten Buck sa učí naozaj rýchlo," dodal François.

Perrault hocha gravement la tête, visiblement satisfait du résultat.

Perrault vážne prikývol, zjavne spokojný s výsledkom.

En tant que courrier pour le gouvernement canadien, il transportait des dépêches.

Ako kuriér kanadskej vlády nosil depeše.

Il était impatient de trouver les meilleurs chiens pour son importante mission.

Veľmi túžil nájsť tých najlepších psov pre svoju dôležitú misiu.

Il se sentait particulièrement heureux maintenant que Buck faisait partie de l'équipe.

Obzvlášť ho tešilo, že Buck bol teraz súčasťou tímu.

Trois autres huskies ont été ajoutés à l'équipe en une heure.

Do hodiny boli do tímu pridané ďalšie tri husky.

Cela porte le nombre total de chiens dans l'équipe à neuf.
Tým sa celkový počet psov v tíme zvýšil na deväť.
En quinze minutes, tous les chiens étaient dans leurs harnais.
Do pätnástich minút boli všetky psy v postrojoch.
L'équipe de traîneaux remontait le sentier en direction du canyon de Dyea.
Záprah sa vydával hore chodníkom smerom ku kaňonu Dyea.
Buck était heureux de partir, même si le travail à venir était difficile.
Buck bol rád, že odchádza, aj keď ho čakala ťažká práca.
Il s'est rendu compte qu'il ne détestait pas particulièrement le travail ou le froid.
Zistil, že práca ani zima mu nijako zvlášť neprekážajú.
Il a été surpris par l'empressement qui a rempli toute l'équipe.
Prekvapila ho dychtivosť, ktorá naplnila celý tím.
Encore plus surprenant fut le changement qui s'était produit chez Dave et Solleks.
Ešte prekvapujúcejšia bola zmena, ktorá nastala s Daveom a Solleksom.
Ces deux chiens étaient complètement différents lorsqu'ils étaient attelés.
Tieto dva psy boli úplne odlišné, keď boli zapriahnuté.
Leur passivité et leur manque d'intérêt avaient complètement disparu.
Ich pasivita a nezáujem úplne zmizli.
Ils étaient alertes et actifs, et désireux de bien faire leur travail.
Boli ostražití, aktívni a dychtiví dobre si vykonávať svoju prácu.
Ils s'irritaient violemment à tout ce qui pouvait provoquer un retard ou une confusion.
Prudko ich podráždilo čokoľvek, čo spôsobovalo meškanie alebo zmätok.
Le travail acharné sur les rênes était le centre de tout leur être.

Tvrdá práca na opratách bola stredobodom celej ich bytosti.

Tirer un traîneau semblait être la seule chose qu'ils apprécient vraiment.

Zdá sa, že ťahanie saní bolo jediné, čo ich skutočne bavilo.

Dave était à l'arrière du groupe, le plus proche du traîneau lui-même.

Dave bol vzadu v skupine, najbližšie k samotným saniam.

Buck a été placé devant Dave, et Solleks a dépassé Buck.

Buck sa umiestnil pred Davea a Solleks sa predbehol pred Bucka.

Le reste des chiens était aligné devant eux en file indienne.

Zvyšok psov bol natiahnutý vpredu v rade za sebou.

La position de tête à l'avant était occupée par Spitz.

Vedúcu pozíciu vpredu obsadil Spitz.

Buck avait été placé entre Dave et Solleks pour l'instruction.

Bucka umiestnili medzi Davea a Solleka kvôli inštrukciám.

Il apprenait vite et ils étaient des professeurs fermes et compétents.

Rýchlo sa učil a oni boli dôslední a schopní učitelia.

Ils n'ont jamais permis à Buck de rester longtemps dans l'erreur.

Nikdy nedovolili Buckovi dlho zostať v omyle.

Ils ont enseigné leurs leçons avec des dents acérées quand c'était nécessaire.

Keď to bolo potrebné, učili svoje hodiny s ostrými zubami.

Dave était juste et faisait preuve d'une sagesse calme et sérieuse.

Dave bol spravodlivý a prejavoval tichý, vážny druh múdrosti.

Il n'a jamais mordu Buck sans une bonne raison de le faire.

Nikdy nepohryzol Bucka bez dobrého dôvodu.

Mais il n'a jamais manqué de mordre lorsque Buck avait besoin d'être corrigé.

Ale nikdy nezabudol zahryznúť, keď Bucka potreboval napraviť.

Le fouet de François était toujours prêt et soutenait leur autorité.

Françoisov bič bol vždy pripravený a podporoval ich autoritu.

Buck a vite compris qu'il valait mieux obéir que riposter.

Buck čoskoro zistil, že je lepšie poslúchať, ako sa brániť.

Un jour, lors d'un court repos, Buck s'est emmêlé dans les rênes.

Raz, počas krátkeho odpočinku, sa Buck zamotal do opratí.

Il a retardé le départ et a perturbé le mouvement de l'équipe.

Zdržal štart a zmätil pohyb tímu.

Dave et Solleks se sont jetés sur lui et lui ont donné une raclée.

Dave a Solleks sa naňho vrhli a tvrdo ho zmlátili.

L'enchevêtrement n'a fait qu'empirer, mais Buck a bien appris sa leçon.

Zamotanie sa len zhoršilo, ale Buck sa dobre poučil.

Dès lors, il garda les rênes tendues et travailla avec soin.

Odvtedy držal opraty napnuté a pracoval opatrne.

Avant la fin de la journée, Buck avait maîtrisé une grande partie de sa tâche.

Pred koncom dňa Buck zvládol väčšinu svojej úlohy.

Ses coéquipiers ont presque arrêté de le corriger ou de le mordre.

Jeho spoluhráči ho takmer prestali opravovať alebo hrýzť.

Le fouet de François claquait de moins en moins souvent dans l'air.

Françoisov bič práskal vzduchom čoraz menej často.

Perrault a même soulevé les pieds de Buck et a soigneusement examiné chaque patte.

Perrault dokonca zdvihol Buckove nohy a pozorne preskúmal každú labku.

Cela avait été une journée de course difficile, longue et épuisante pour eux tous.

Bol to pre nich všetkých ťažký deň behu, dlhý a vyčerpávajúci.

Ils remontèrent le Cañon, traversèrent Sheep Camp et passèrent devant les Scales.

Cestovali hore kaňonom, cez Ovčí tábor a okolo Váh.

Ils ont traversé la limite des forêts, puis des glaciers et des congères de plusieurs mètres de profondeur.

Prekročili hranicu lesa, potom ľadovce a snehové záveje hlboké mnoho metrov.

Ils ont escaladé la grande et froide chaîne de montagnes Chilkoot Divide.

Vyliezli na veľký chladný a nehostinný Chilkootský údolí.

Cette haute crête se dressait entre l'eau salée et l'intérieur gelé.

Ten vysoký hrebeň sa týčil medzi slanou vodou a zamrznutým vnútrozemím.

Les montagnes protégeaient le Nord triste et solitaire avec de la glace et des montées abruptes.

Hory strážili smutný a osamelý Sever ľadom a strmými stúpaniami.

Ils ont parcouru à bon rythme une longue chaîne de lacs en aval de la ligne de partage des eaux.

Zvládli dobrý čas po dlhom reťazci jazier pod rozvodím.

Ces lacs remplissaient les anciens cratères de volcans éteints.

Tieto jazerá vyplnili staroveké krátery vyhasnutých sopiek.

Tard dans la nuit, ils atteignirent un grand camp au bord du lac Bennett.

Neskoro v noci dorazili do veľkého tábora pri jazere Bennett.

Des milliers de chercheurs d'or étaient là, construisant des bateaux pour le printemps.

Boli tam tisíce hľadačov zlata a stavali lode na jar.

La glace allait bientôt se briser et ils devaient être prêts.

Ľad sa mal čoskoro roztopiť a museli byť pripravení.

Buck creusa son trou dans la neige et tomba dans un profond sommeil.

Buck si vykopal dieru v snehu a hlboko zaspal.

Il dormait comme un ouvrier, épuisé par une dure journée de travail.

Spal ako pracujúci muž, vyčerpaný z ťažkého dňa driny.

Mais trop tôt dans l'obscurité, il fut tiré de son sommeil.

Ale príliš skoro v tme ho niekto vytrhol zo spánku.

Il fut à nouveau attelé avec ses compagnons et attaché au traîneau.

Znovu ho zapriahli spolu s jeho kamarátmi a pripevnili k saniam.

Ce jour-là, ils ont parcouru quarante milles, car la neige était bien battue.

V ten deň prešli štyridsať míľ, pretože sneh bol dobre ušliapaný.

Le lendemain, et pendant plusieurs jours après, la neige était molle.

Na druhý deň a ešte mnoho dní potom bol sneh mäkký.

Ils ont dû faire le chemin eux-mêmes, en travaillant plus dur et en avançant plus lentement.

Museli si cestu vydláždiť sami, pracovali usilovnejšie a pohybovali sa pomalšie.

Habituellement, Perrault marchait devant l'équipe avec des raquettes palmées.

Perrault zvyčajne kráčal pred tímom na snežniciach s blanami.

Ses pas ont compacté la neige, facilitant ainsi le déplacement du traîneau.

Jeho kroky udupali sneh, a tak saniam uľahčili pohyb.

François, qui dirigeait depuis le mât, prenait parfois le relais.

François, ktorý kormidloval z výškomeru, niekedy prevzal velenie.

Mais il était rare que François prenne les devants

Ale François sa len zriedka ujal vedenia.

parce que Perrault était pressé de livrer les lettres et les colis.

pretože Perrault sa ponáhľal s doručením listov a balíkov.

Perrault était fier de sa connaissance de la neige, et surtout de la glace.

Perrault bol hrdý na svoje znalosti o snehu a najmä o ľade.

Cette connaissance était essentielle, car la glace d'automne était dangereusement mince.

Táto znalosť bola nevyhnutná, pretože jesenný ľad bol nebezpečne tenký.

Là où l'eau coulait rapidement sous la surface, il n'y avait pas du tout de glace.

Tam, kde voda pod hladinou rýchlo tiekla, nebol vôbec žiadny ľad.

Jour après jour, la même routine se répétait sans fin.

Deň čo deň sa tá istá rutina opakovala bez konca.

Buck travaillait sans relâche sur les rênes, de l'aube jusqu'à la nuit.

Buck sa od úsvitu do noci nekonečne namáhal s opratami.

Ils quittèrent le camp dans l'obscurité, bien avant le lever du soleil.

Tábor opustili za tmy, dávno pred východom slnka.

Au moment où le jour se leva, ils avaient déjà parcouru de nombreux kilomètres.

Keď sa rozodnilo, mali už za sebou mnoho kilometrov.

Ils ont installé leur campement après la tombée de la nuit, mangeant du poisson et creusant dans la neige.

Tábor si postavili po zotmení, jedli ryby a zahrabávali sa do snehu.

Buck avait toujours faim et n'était jamais vraiment satisfait de sa ration.

Buck bol stále hladný a nikdy nebol skutočne spokojný so svojou dávkou jedla.

Il recevait une livre et demie de saumon séché chaque jour.

Každý deň dostával pol kila sušeného lososa.

Mais la nourriture semblait disparaître en lui, laissant la faim derrière elle.

Ale jedlo v ňom akoby zmizlo a zanechalo po sebe hlad.

Il souffrait constamment de la faim et rêvait de plus de nourriture.

Trpel neustálym hladom a sníval o väčšom jedle.

Les autres chiens n'ont pris qu'une livre, mais ils sont restés forts.

Ostatné psy dostali len pol kila jedla, ale zostali silné.

Ils étaient plus petits et étaient nés dans le mode de vie du Nord.

Boli menší a narodili sa do severského života.

Il perdit rapidement la méticulosité qui avait marqué son ancienne vie.

Rýchlo stratil puntičkárstvo, ktoré poznačilo jeho starý život.

Il avait été un mangeur délicat, mais maintenant ce n'était plus possible.

Kedysi bol maškrtníkom, ale teraz to už nebolo možné.

Ses camarades ont terminé premiers et lui ont volé sa ration inachevée.

Jeho kamaráti dojedli prví a obrali ho o nedopitý prídel.

Une fois qu'ils ont commencé, il n'y avait aucun moyen de défendre sa nourriture contre eux.

Keď začali, nebolo možné pred nimi jeho jedlo ochrániť.

Pendant qu'il combattait deux ou trois chiens, les autres volaient le reste.

Zatiaľ čo on odháňal dvoch alebo troch psov, ostatní ukradli zvyšok.

Pour résoudre ce problème, il a commencé à manger aussi vite que les autres.

Aby to napravil, začal jesť rovnako rýchlo ako ostatní.

La faim le poussait tellement qu'il prenait même de la nourriture qui n'était pas la sienne.

Hlad ho tak silno premáhal, že si vzal aj jedlo, ktoré mu nebolo vlastné.

Il observait les autres et apprenait rapidement de leurs actions.

Sledoval ostatných a rýchlo sa z ich konania učil.

Il a vu Pike, un nouveau chien, voler une tranche de bacon à Perrault.

Videl Pikea, nového psa, ako ukradol Perraultovi plátok slaniny.

Pike avait attendu que Perrault ait le dos tourné pour voler le bacon.

Pike počkal, kým sa Perrault otočí chrbtom, aby mu ukradol slaninu.

Le lendemain, Buck a copié Pike et a volé tout le morceau.

Na druhý deň Buck skopíroval Pikea a ukradol celý kus.

Un grand tumulte s'ensuivit, mais Buck ne fut pas suspecté.

Nasledoval veľký rozruch, ale Bucka nikto nepodozrieval.

Dub, un chien maladroit qui se faisait toujours prendre, a été puni à la place.

Namiesto toho bol potrestaný Dub, nemotorný pes, ktorého vždy chytili.

Ce premier vol a fait de Buck un chien apte à survivre dans le Nord.

Tá prvá krádež označila Bucka za psa schopného prežiť na severe.

Il a montré qu'il pouvait s'adapter à de nouvelles conditions et apprendre rapidement.

Ukázal, že sa dokáže rýchlo prispôsobiť novým podmienkam a učiť sa.

Sans une telle adaptabilité, il serait mort rapidement et gravement.

Bez takejto prispôsobivosti by zomrel rýchlo a zle.

Cela a également marqué l'effondrement de sa nature morale et de ses valeurs passées.

Znamenalo to tiež rozpad jeho morálnej povahy a minulých hodnôt.

Dans le Southland, il avait vécu sous la loi de l'amour et de la bonté.

Na Juhu žil podľa zákona lásky a dobroty.

Là, il était logique de respecter la propriété et les sentiments des autres chiens.

Tam malo zmysel rešpektovať majetok a city iných psov.

Mais le Northland suivait la loi du gourdin et la loi du croc.

Ale Severná zem sa riadila zákonom palice a zákonom tesáka.

Quiconque respectait les anciennes valeurs ici était stupide et échouerait.

Ktokoľvek tu rešpektoval staré hodnoty, bol hlúpy a zlyhal by.

Buck n'a pas réfléchi à tout cela dans son esprit.

Buck si to všetko v hlave neuvažoval.

Il était en forme et s'est donc adapté sans avoir besoin de réfléchir.

Bol v kondícii, a tak sa prispôsobil bez toho, aby musel premýšľať.

De toute sa vie, il n'avait jamais fui un combat.

Celý svoj život nikdy neutiekol pred bojom.

Mais la massue en bois de l'homme au pull rouge a changé cette règle.

Ale drevená palica muža v červenom svetri toto pravidlo zmenila.

Il suivait désormais un code plus profond et plus ancien, inscrit dans son être.

Teraz nasledoval hlbší, starší kód vpísaný do jeho bytosti.

Il ne volait pas par plaisir, mais par faim.

Nekradol z potešenia, ale z bolesti z hladu.

Il n'a jamais volé ouvertement, mais il a volé avec ruse et prudence.

Nikdy otvorene nekradol, ale kradol prefíkane a opatrne.

Il a agi par respect pour la massue en bois et par peur du croc.

Konal z úcty k drevenej palici a zo strachu pred tesákom.

En bref, il a fait ce qui était plus facile et plus sûr que de ne pas le faire.

Skrátka, urobil to, čo bolo jednoduchšie a bezpečnejšie, ako to neurobiť.

Son développement – ou peut-être son retour à ses anciens instincts – fut rapide.

Jeho vývoj – alebo možno jeho návrat k starým inštinktom – bol rýchly.

Ses muscles se durcirent jusqu'à devenir aussi forts que du fer.

Jeho svaly stvrdli, až sa cítili pevné ako železo.

Il ne se souciait plus de la douleur, à moins qu'elle ne soit grave.

Už ho netrápila bolesť, pokiaľ nebola vážna.

Il est devenu efficace à l'intérieur comme à l'extérieur, ne gaspillant rien du tout.

Stal sa efektívnym zvnútra aj zvonka, pričom ničím neplytval.

Il pouvait manger des choses viles, pourries ou difficiles à digérer.

Mohol jesť veci, ktoré boli odporné, zhnité alebo ťažko stráviteľné.

Quoi qu'il mange, son estomac utilisait jusqu'au dernier morceau de valeur.

Čokoľvek zjedol, jeho žalúdok spotreboval každý kúsok jeho hodnoty.

Son sang transportait les nutriments loin dans son corps puissant.

Jeho krv roznášala živiny ďaleko po jeho mocnom tele.

Cela a créé des tissus solides qui lui ont donné une endurance incroyable.

Vďaka tomu si vybudoval silné tkanivá, ktoré mu dodali neuveriteľnú vytrvalosť.

Sa vue et son odorat sont devenus beaucoup plus sensibles qu'avant.

Jeho zrak a čuch sa stali oveľa citlivejšími ako predtým.

Son ouïe est devenue si fine qu'il pouvait détecter des sons faibles pendant son sommeil.

Jeho sluch sa tak zostril, že dokázal v spánku zachytiť slabé zvuky.

Il savait dans ses rêves si les sons signifiaient sécurité ou danger.

Vo svojich snoch vedel, či zvuky znamenajú bezpečie alebo nebezpečenstvo.

Il a appris à mordre la glace entre ses orteils avec ses dents.

Naučil sa hrýzť ľad medzi prstami na nohách zubami.

Si un point d'eau gelait, il brisait la glace avec ses jambes.

Ak zamrzla vodná diera, prelomil ľad nohami.

Il se cabra et frappa violemment la glace avec ses membres antérieurs raides.

Postavil sa na zadné a silno udrel stuhnutými prednými končatinami do ľadu.

Sa capacité la plus frappante était de prédire les changements de vent pendant la nuit.

Jeho najvýraznejšou schopnosťou bolo predpovedať zmeny vetra počas noci.

Même lorsque l'air était calme, il choisissait des endroits abrités du vent.

Aj keď bol vzduch nehybný, vyberal si miesta chránené pred vetrom.

Partout où il creusait son nid, le vent du lendemain le passait à côté de lui.

Všade, kde si vykopal hniezdo, ho na druhý deň vietor minul.

Il finissait toujours par se blottir et se protéger, sous le vent.

Vždy skončil útulne a chránený, v záveterí proti vetru.

Buck n'a pas seulement appris par l'expérience : son instinct est également revenu.

Buck sa nielenže učil zo skúseností – vrátili sa mu aj inštinkty.

Les habitudes des générations domestiquées ont commencé à disparaître.

Zvyky domestikovaných generácií sa začali vytrácať.

De manière vague, il se souvenait des temps anciens de sa race.

Matne si spomínal na dávne časy svojho plemena.

Il repensa à l'époque où les chiens sauvages couraient en meute dans les forêts.

Spomenul si na časy, keď divé psy behali v svorkách lesmi.

Ils avaient poursuivi et tué leur proie en la poursuivant.

Prenasledovali a zabili svoju korisť, zatiaľ čo ju doháňali.

Il était facile pour Buck d'apprendre à se battre avec force et rapidité.

Pre Bucka bolo ľahké naučiť sa bojovať zubami a rýchlosťou.

Il utilisait des coupures, des entailles et des coups rapides, tout comme ses ancêtres.

Používal rezy, seky a rýchle cvaknutia rovnako ako jeho predkovia.

Ces ancêtres se sont réveillés en lui et ont réveillé sa nature sauvage.

Tí predkovia sa v ňom prebudili a prebudili jeho divokú povahu.

Leurs anciennes compétences lui avaient été transmises par le sang.

Ich staré zručnosti na neho prešli prostredníctvom krvnej línie.

Leurs tours étaient désormais à lui, sans besoin de pratique ni d'effort.

Ich triky boli teraz jeho, bez potreby cvičenia alebo úsilia.

Lors des nuits calmes et froides, Buck levait le nez et hurlait.
Za tichých, chladných nocí Buck zdvihol nos a zavýjal.
Il hurla longuement et profondément, comme le faisaient les loups autrefois.
Zavýjal dlho a hlboko, ako to robili vlci kedysi dávno.
À travers lui, ses ancêtres morts pointaient leur nez et hurlaient.
Cez neho jeho mŕtvi predkovia ukazovali nosy a zavýjali.
Ils ont hurlé à travers les siècles avec sa voix et sa forme.
Zavýjali stáročiami jeho hlasom a postavou.
Ses cadences étaient les leurs, de vieux cris qui parlaient de chagrin et de froid.
Jeho kadencie boli ich, staré výkriky, ktoré rozprávali o smútku a chlade.
Ils chantaient l'obscurité, la faim et le sens de l'hiver.
Spievali o tme, o hlade a význame zimy.
Buck a prouvé que la vie est façonnée par des forces qui nous dépassent.
Buck dokázal, ako je život formovaný silami, ktoré presahujú jeho hranice.
L'ancienne chanson s'éleva à travers Buck et s'empara de son âme.
Stará pieseň sa šírila Buckom a zmocnila sa jeho duše.
Il s'est retrouvé parce que les hommes avaient trouvé de l'or dans le Nord.
Našiel sa tam, pretože muži našli zlato na severe.
Et il s'est retrouvé parce que Manuel, l'aide du jardinier, avait besoin d'argent.
A ocitol sa v nej, pretože Manuel, záhradníkov pomocník, potreboval peniaze.

La Bête Primordiale Dominante
Dominantná Prvotná Beštia

La bête primordiale dominante était aussi forte que jamais en Buck.

Dominantná prvotná beštia bola v Buckovi rovnako silná ako kedykoľvek predtým.

Mais la bête primordiale dominante sommeillait en lui.

Ale dominantná prvotná beštia v ňom driemala.

La vie sur le sentier était dure, mais elle renforçait la bête qui sommeillait en Buck.

Život na cestách bol drsný, ale posilnil v Buckovi zviera.

Secrètement, la bête devenait de plus en plus forte chaque jour.

Beštia tajne každým dňom silnela a silnela.

Mais cette croissance intérieure est restée cachée au monde extérieur.

Ale tento vnútorný rast zostal skrytý pred vonkajším svetom.

Une force primordiale, calme et tranquille, se construisait à l'intérieur de Buck.

V Buckovom vnútri sa budovala tichá a pokojná prvotná sila.

Une nouvelle ruse a donné à Buck l'équilibre, le calme, le contrôle et l'équilibre.

Nová prefíkanosť dodala Buckovi rovnováhu, pokojnú kontrolu a vyrovnanosť.

Buck s'est concentré sur son adaptation, sans jamais se sentir complètement détendu.

Buck sa usilovne sústredil na prispôsobenie sa, nikdy sa necítil úplne uvoľnený.

Il évitait les conflits, ne déclenchait jamais de bagarres et ne cherchait jamais les ennuis.

Vyhýbal sa konfliktom, nikdy nezačínal hádky ani nehľadal problémy.

Une réflexion lente et constante façonnait chaque mouvement de Buck.

Pomalá, vytrvalá premýšľavosť formovala každý Buckov pohyb.

Il évitait les choix irréfléchis et les décisions soudaines et imprudentes.

Vyhýbal sa unáhleným rozhodnutiam a náhlym, bezohľadným rozhodnutiam.

Bien que Buck détestait profondément Spitz, il ne lui montrait aucune agressivité.

Hoci Buck Spitza hlboko nenávidel, neprejavoval voči nemu žiadnu agresiu.

Buck n'a jamais provoqué Spitz et a gardé ses actions contenues.

Buck nikdy neprovokoval Spitza a svoje konanie držal zdržanlivý.

Spitz, de son côté, sentait le danger grandissant chez Buck.

Spitz na druhej strane vycítil v Buckovi rastúce nebezpečenstvo.

Il considérait Buck comme une menace et un sérieux défi à son pouvoir.

Bucka vnímal ako hrozbu a vážnu výzvu pre svoju moc.

Il profitait de chaque occasion pour grogner et montrer ses dents acérées.

Využil každú príležitosť zavrčať a ukázať svoje ostré zuby.

Il essayait de déclencher le combat mortel qui devait avoir lieu.

Snažil sa začať smrteľný boj, ktorý musel prísť.

Au début du voyage, une bagarre a failli éclater entre eux.

Na začiatku cesty medzi nimi takmer vypukla bitka.

Mais un accident inattendu a empêché le combat d'avoir lieu.

Ale nečakaná nehoda zabránila boju.

Ce soir-là, ils installèrent leur campement sur le lac Le Barge, extrêmement froid.

V ten večer si postavili tábor na kruto studenom jazere Le Barge.

La neige tombait fort et le vent soufflait comme un couteau.

Sneh padal silno a vietor rezal ako nôž.

La nuit était venue trop vite et l'obscurité les entourait.

Noc prišla príliš rýchlo a obklopila ich tma.

Ils n'auraient pas pu choisir un pire endroit pour se reposer.

Len ťažko si mohli vybrať horšie miesto na oddych.

Les chiens cherchaient désespérément un endroit où se coucher.

Psy zúfalo hľadali miesto, kde by si mohli ľahnúť.

Un haut mur de roche s'élevait abruptement derrière le petit groupe.

Za malou skupinou sa strmo týčila vysoká skalná stena.

La tente avait été laissée à Dyea pour alléger la charge.

Stan nechali v Dyea, aby odľahčili náklad.

Ils n'avaient pas d'autre choix que d'allumer le feu sur la glace elle-même.

Nemali inú možnosť, ako založiť oheň na ľade.

Ils étendent leurs robes de nuit directement sur le lac gelé.

Rozprestreli si spacie rúcha priamo na zamrznutom jazere.

Quelques bâtons de bois flotté leur ont donné un peu de feu.

Zopár naplavených drevených vetiev im dodalo trochu ohňa.

Mais le feu s'est allumé sur la glace et a fondu à travers elle.

Ale oheň bol založený na ľade a roztopil sa cezň.

Finalement, ils mangeaient leur dîner dans l'obscurité.

Nakoniec večerali v tme.

Buck s'est recroquevillé près du rocher, à l'abri du vent froid.

Buck sa schúlil pri skale, chránený pred studeným vetrom.

L'endroit était si chaud et sûr que Buck détestait déménager.

Miesto bolo také teplé a bezpečné, že Buck nerád odchádzal.

Mais François avait réchauffé le poisson et distribuait les rations.

Ale François zohrial rybu a rozdával prídely.

Buck finit de manger rapidement et retourna dans son lit.

Buck rýchlo dojedol a vrátil sa do postele.

Mais Spitz était maintenant allongé là où Buck avait fait son lit.

Ale Spitz teraz ležal tam, kde mu Buck pripravil posteľ.

Un grognement sourd avertit Buck que Spitz refusait de bouger.

Tiché zavrčanie varovalo Bucka, že Spitz sa odmieta pohnúť.

Jusqu'à présent, Buck avait évité ce combat avec Spitz.

Buck sa doteraz tomuto súboju so Spitzom vyhýbal.

Mais au plus profond de Buck, la bête s'est finalement libérée.

Ale hlboko v Buckovom vnútri sa beštia nakoniec uvoľnila.

Le vol de son lieu de couchage était trop difficile à tolérer.

Krádež jeho miesta na spanie bola priveľa na to, aby ju toleroval.

Buck se lança sur Spitz, plein de colère et de rage.

Buck sa vrhol na Spitza, plný hnevu a zúrivosti.

Jusqu'à présent, Spitz pensait que Buck n'était qu'un gros chien.

Až donedávna si Spitz myslel, že Buck je len veľký pes.

Il ne pensait pas que Buck avait survécu grâce à son esprit.

Nemyslel si, že Buck prežil vďaka svojmu duchu.

Il s'attendait à la peur et à la lâcheté, pas à la fureur et à la vengeance.

Očakával strach a zbabelosť, nie zúrivosť a pomstu.

François regarda les deux chiens sortir du nid en ruine.

François zízal, ako obaja psi vybehli zo zničeného hniezda.

Il comprit immédiatement ce qui avait déclenché cette lutte sauvage.

Hneď pochopil, čo spustilo ten divoký boj.

« Aa-ah ! » s'écria François en soutien au chien brun.

„Ááá!" zvolal François na podporu hnedého psa.

« Frappez-le ! Par Dieu, punissez ce voleur sournois ! »

„Dajte mu výprask! Preboha, potrestajte toho prefíkaného zlodeja!"

Spitz a montré une volonté égale et une impatience folle de se battre.

Spitz prejavoval rovnakú pripravenosť a divokú dychtivosť do boja.

Il cria de rage tout en tournant rapidement en rond, cherchant une ouverture.

Zúrivo vykríkol a rýchlo krúžil, hľadajúc otvor.

Buck a montré la même soif de combat et la même prudence.

Buck prejavoval rovnakú túžbu po boji a rovnakú opatrnosť.

Il a également encerclé son adversaire, essayant de prendre le dessus dans la bataille.

Obišiel aj svojho súpera a snažil sa získať v boji prevahu.

Puis quelque chose d'inattendu s'est produit et a tout changé.

Potom sa stalo niečo nečakané a všetko sa zmenilo.

Ce moment a retardé l'éventuelle lutte pour le leadership.

Tento moment oddialil prípadný boj o vedenie.

De nombreux kilomètres de piste et de lutte attendaient encore avant la fin.

Pred koncom ich čakalo ešte veľa kilometrov cesty a úsilia.

Perrault cria un juron tandis qu'une massue frappait un os.

Perrault zakričal kliatbu, keď palica narazila do kosti.

Un cri aigu de douleur suivit, puis le chaos explosa tout autour.

Nasledoval ostrý výkrik bolesti a potom všade naokolo explodoval chaos.

Des formes sombres se déplaçaient dans le camp ; des huskies sauvages, affamés et féroces.

V tábore sa pohybovali tmavé postavy; divé husky, vyhladované a zúrivé.

Quatre ou cinq douzaines de huskies avaient reniflé le camp de loin.

Štyri alebo päť desiatok huskyov vyňuchalo tábor už z diaľky.

Ils s'étaient glissés discrètement pendant que les deux chiens se battaient à proximité.

Ticho sa vkradli dnu, zatiaľ čo sa neďaleko bili dva psy.

François et Perrault chargèrent en brandissant des massues sur les envahisseurs.

François a Perrault zaútočili a mávali palicami na útočníkov.

Les huskies affamés ont montré les dents et ont riposté avec frénésie.

Vyhladované husky ukázali zuby a zúrivo sa bránili.

L'odeur de la viande et du pain les avait chassés de toute peur.

Vôňa mäsa a chleba ich zahnala za všetok strach.

Perrault battait un chien qui avait enfoui sa tête dans la boîte à nourriture.

Perrault zbil psa, ktorý si zaboril hlavu do boxu s jedlom.

Le coup a été violent et la boîte s'est retournée, la nourriture s'est répandue.

Úder bol silný, krabica sa prevrátila a jedlo sa z nej vysypalo.

En quelques secondes, une vingtaine de bêtes sauvages déchirèrent le pain et la viande.

V priebehu niekoľkých sekúnd sa do chleba a mäsa roztrhalo množstvo divých zvierat.

Les gourdin masculins ont porté coup sur coup, mais aucun chien ne s'est détourné.

Pánske palice zasadzovali úder za úderom, ale ani jeden pes sa neodvrátil.

Ils hurlaient de douleur, mais se battaient jusqu'à ce qu'il ne reste plus de nourriture.

Zavýjali od bolesti, ale bojovali, kým im nezostalo žiadne jedlo.

Pendant ce temps, les chiens de traîneau avaient sauté de leurs lits enneigés.

Medzitým saňové psy vyskočili zo svojich zasnežených lôžok.

Ils ont été immédiatement attaqués par les huskies vicieux et affamés.

Okamžite ich napadli zúriví hladní husky.

Buck n'avait jamais vu de créatures aussi sauvages et affamées auparavant.

Buck ešte nikdy nevidel také divé a vyhladované tvory.

Leur peau pendait librement, cachant à peine leur squelette.

Ich koža visela voľne a ledva zakrývala ich kostry.

Il y avait un feu dans leurs yeux, de faim et de folie

V ich očiach bol oheň od hladu a šialenstva

Il n'y avait aucun moyen de les arrêter, aucune résistance à leur ruée sauvage.

Nedalo sa ich zastaviť; nedalo sa odolať ich divokému náporu.

Les chiens de traîneau furent repoussés, pressés contre la paroi de la falaise.

Záprahové psy boli zatlačené dozadu a pritlačené k stene útesu.

Trois huskies ont attaqué Buck en même temps, déchirant sa chair.

Na Bucka naraz zaútočili traja huskyji a trhali mu mäso.

Du sang coulait de sa tête et de ses épaules, là où il avait été coupé.

Z hlavy a ramien, kde bol porezaný, mu tiekla krv.

Le bruit remplissait le camp : grognements, cris et cris de douleur.

Hluk naplnil tábor; vrčanie, kvílenie a výkriky bolesti.

Billee pleurait fort, comme d'habitude, prise dans la mêlée et la panique.

Billee hlasno plakala, ako zvyčajne, zasiahnutá rozruchom a panikou.

Dave et Solleks se tenaient côte à côte, saignant mais provocants.

Dave a Solleks stáli vedľa seba, krvácali, ale vzdorovito.

Joe s'est battu comme un démon, mordant tout ce qui s'approchait.

Joe bojoval ako démon a hrýzol všetko, čo sa k nemu priblížilo.

Il a écrasé la jambe d'un husky d'un claquement brutal de ses mâchoires.

Jedným brutálnym cvaknutím čeľustí rozdrvil huskymu nohu.

Pike a sauté sur le husky blessé et lui a brisé le cou instantanément.

Šťuka skočila na zraneného huskyho a okamžite mu zlomila krk.

Buck a attrapé un husky par la gorge et lui a déchiré la veine.

Buck chytil huskyho za hrdlo a roztrhol mu žilu.

Le sang gicla et le goût chaud poussa Buck dans une frénésie.

Krv striekala a teplá chuť priviedla Bucka do šialenstva.

Il s'est jeté sur un autre agresseur sans hésitation.

Bez váhania sa vrhol na ďalšieho útočníka.

Au même moment, des dents acérées s'enfoncèrent dans la gorge de Buck.

V tej istej chvíli sa Buckovi do hrdla zaryli ostré zuby.

Spitz avait frappé de côté, attaquant sans avertissement.

Spitz udrel zboku, útočil bez varovania.

Perrault et François avaient vaincu les chiens en volant la nourriture.

Perrault a François porazili psy, ktoré kradli jedlo.

Ils se sont alors précipités pour aider leurs chiens à repousser les attaquants.

Teraz sa ponáhľali pomôcť svojim psom v boji proti útočníkom.

Les chiens affamés se retirèrent tandis que les hommes brandissaient leurs gourdins.

Vyhladované psy ustúpili, keď muži mávali palicami.

Buck s'est libéré de l'attaque, mais l'évasion a été brève.

Buck sa útoku vymanil, ale útek bol krátky.

Les hommes ont couru pour sauver leurs chiens, et les huskies ont de nouveau afflué.

Muži sa rozbehli zachrániť svoje psy a husky sa opäť vyrojili.

Billee, effrayé et courageux, sauta dans la meute de chiens.

Billee, vystrašená a odvážna, skočila do svorky psov.

Mais il s'est alors enfui sur la glace, saisi de terreur et de panique.

Ale potom utiekol cez ľad, v čírej hrôze a panike.

Pike et Dub suivaient de près, courant pour sauver leur vie.

Pike a Dub ich nasledovali tesne za nimi a bežali, akoby si o život šlo.

Le reste de l'équipe s'est séparé et dispersé, les suivant.

Zvyšok tímu sa rozpŕchol a nasledoval ich.

Buck rassembla ses forces pour courir, mais vit alors un éclair.

Buck pozbieral sily, aby utiekol, ale potom zazrel záblesk.

Spitz s'est jeté sur le côté de Buck, essayant de le faire tomber au sol.

Spitz sa vrhol na Bucka a snažil sa ho zraziť na zem.

Sous cette foule de huskies, Buck n'aurait eu aucune échappatoire.

Pod tou skupinou huskyov by Buck nemal únik.

Mais Buck est resté ferme et s'est préparé au coup de Spitz.

Buck však stál pevne a pripravoval sa na Spitzov úder.

Puis il s'est retourné et a couru sur la glace avec l'équipe en fuite.

Potom sa otočil a vybehol na ľad s utekajúcim tímom.

Plus tard, les neuf chiens de traîneau se sont rassemblés à l'abri des bois.

Neskôr sa deväť záprahových psov zhromaždilo v úkryte lesa.

Personne ne les poursuivait plus, mais ils étaient battus et blessés.

Nikto ich už neprenasledoval, ale boli dobití a zranení.

Chaque chien avait des blessures ; quatre ou cinq coupures profondes sur chaque corps.

Každý pes mal rany; štyri alebo päť hlbokých rezných rán na tele.

Dub avait une patte arrière blessée et avait du mal à marcher maintenant.

Dub mal zranenú zadnú nohu a teraz sa mu ťažko chodilo.

Dolly, le nouveau chien de Dyea, avait la gorge tranchée.

Dolly, najnovší pes z Dyea, mal podrezané hrdlo.

Joe avait perdu un œil et l'oreille de Billee était coupée en morceaux

Joe prišiel o oko a Billee malo rozrezané ucho na kusy.

Tous les chiens ont crié de douleur et de défaite toute la nuit.

Všetky psy celú noc kričali od bolesti a porážky.

À l'aube, ils retournèrent au camp, endoloris et brisés.

Za úsvitu sa vkradli späť do tábora, dounavení a zlomení.

Les huskies avaient disparu, mais le mal était fait.

Husky zmizli, ale škoda už bola napáchaná.

Perrault et François étaient de mauvaise humeur à cause de la ruine.

Perrault a François stáli nad ruinami v zlej nálade.

La moitié de la nourriture avait disparu, volée par les voleurs affamés.

Polovica jedla bola preč, uchmatli ju hladní zlodeji.

Les huskies avaient déchiré les fixations et la toile du traîneau.

Husky pretrhli viazania saní a plachtu.

Tout ce qui avait une odeur de nourriture avait été complètement dévoré.

Všetko, čo voňalo jedlom, bolo úplne zjedené.

Ils ont mangé une paire de bottes de voyage en peau d'élan de Perrault.

Zjedli pár Perraultových cestovných čižiem z losej kože.

Ils ont mâché des reis en cuir et ruiné des sangles au point de les rendre inutilisables.

Hrýzli kožené remienky a ničili remienky na nič.

François cessa de fixer le fouet déchiré pour vérifier les chiens.

François prestal hľadieť na roztrhanú šnúru, aby skontroloval psy.

« Ah, mes amis », dit-il d'une voix basse et pleine d'inquiétude.

„Ach, priatelia moji," povedal tichým hlasom plným starostí.

« Peut-être que toutes ces morsures vous transformeront en bêtes folles. »

„Možno z vás všetky tieto uhryznutia urobia šialené beštie."

« Peut-être que ce sont tous des chiens enragés, sacredam ! Qu'en penses-tu, Perrault ? »

„Možno všetky besné psy, posvätný jaj! Čo si o tom myslíš, Perrault?"

Perrault secoua la tête, les yeux sombres d'inquiétude et de peur.

Perrault pokrútil hlavou, oči mu stmavli od obáv a strachu.

Il y avait encore quatre cents milles entre eux et Dawson.

Od Dawsona ich stále delilo štyristo míľ.

La folie canine pourrait désormais détruire toute chance de survie.

Psie šialenstvo by teraz mohlo zničiť akúkoľvek šancu na prežitie.

Ils ont passé deux heures à jurer et à essayer de réparer le matériel.

Strávili dve hodiny nadávaním a snahou opraviť výstroj.

L'équipe blessée a finalement quitté le camp, brisée et vaincue.

Zranený tím nakoniec opustil tábor, zlomený a porazený.

C'était le sentier le plus difficile jusqu'à présent, et chaque pas était douloureux.

Toto bola doteraz najťažšia trasa a každý krok bol bolestivý.

La rivière Thirty Mile n'était pas gelée et coulait à flots.

Rieka Tridsaťmíľa nezamrzla a divoko prúdila.

Ce n'est que dans les endroits calmes et les tourbillons que la glace parvenait à tenir.

Ľad sa dokázal udržať iba na pokojných miestach a vo víriacich sa víroch.

Six jours de dur labeur se sont écoulés jusqu'à ce que les trente milles soient parcourus.

Uplynulo šesť dní tvrdej práce, kým boli prekonaní tridsať míľ.

Chaque kilomètre parcouru sur le sentier apportait du danger et une menace de mort.

Každá míľa chodníka prinášala nebezpečenstvo a hrozbu smrti.

Les hommes et les chiens risquaient leur vie à chaque pas douloureux.

Muži a psy riskovali svoje životy pri každom bolestivom kroku.

Perrault a franchi des ponts de glace minces à une douzaine de reprises.

Perrault prerazil tenké ľadové mosty tucetkrát.

Il portait une perche et la laissait tomber sur le trou que son corps avait fait.

Niesol tyč a nechal ju spadnúť cez dieru, ktorú vytvorilo jeho telo.

Plus d'une fois, ce poteau a sauvé Perrault de la noyade.

Táto tyč viackrát zachránila Perraulta pred utopením.

La vague de froid persistait, l'air était à cinquante degrés en dessous de zéro.

Chlad sa udržal, vzduch mal päťdesiat stupňov pod nulou.

Chaque fois qu'il tombait, Perrault devait allumer un feu pour survivre.

Vždy, keď Perrault spadol do ohňa, musel si založiť oheň, aby prežil.

Les vêtements mouillés gelaient rapidement, alors il les séchait près d'une source de chaleur intense.

Mokré oblečenie rýchlo mrzlo, a tak ho sušil blízko prudkého tepla.

Aucune peur n'a jamais touché Perrault, et cela a fait de lui un courrier.

Perraulta nikdy nepochytil strach, a to z neho robilo kuriéra.

Il a été choisi pour le danger, et il l'a affronté avec une résolution tranquille.

Bol vyvolený pre nebezpečenstvo a čelil mu s tichým odhodlaním.

Il s'avança face au vent, son visage ratatiné et gelé.

Tlačil sa dopredu do vetra, scvrknutú tvár mal omrznutú.

De l'aube naissante à la tombée de la nuit, Perrault les mena en avant.

Od slabého úsvitu do súmraku ich Perrault viedol vpred.

Il marchait sur une étroite bordure de glace qui se fissurait à chaque pas.

Kráčal po úzkom okraji ľadu, ktorý pri každom kroku praskal.

Ils n'osaient pas s'arrêter : chaque pause risquait de provoquer un effondrement mortel.

Neodvážili sa zastaviť – každá pauza riskovala smrteľný kolaps.

Un jour, le traîneau s'est brisé, entraînant Dave et Buck à l'intérieur.

Raz sa sane pretrhli a stiahli Davea a Bucka dnu.

Au moment où ils ont été libérés, tous deux étaient presque gelés.

Keď ich vytiahli na slobodu, obaja boli takmer omrznutí.

Les hommes ont rapidement allumé un feu pour garder
Buck et Dave en vie.

Muži rýchlo založili oheň, aby Bucka a Davea udržali nažive.

Les chiens étaient recouverts de glace du nez à la queue,
raides comme du bois sculpté.

Psy boli od nosa po chvost pokryté ľadom, stuhnuté ako
vyrezávané drevo.

Les hommes les faisaient courir en rond près du feu pour
décongeler leurs corps.

Muži ich krúžili pri ohni, aby im rozmrazili telá.

Ils se sont approchés si près des flammes que leur fourrure a
été brûlée.

Prišli tak blízko k plameňom, že im spálili srsť.

Spitz a ensuite brisé la glace, entraînant l'équipe derrière lui.

Spitz sa predral cez ľad a stiahol za sebou tím.

La cassure s'est étendue jusqu'à l'endroit où Buck tirait.

Zlom siahal až k miestu, kde Buck ťahal.

Buck se pencha en arrière, ses pattes glissant et tremblant
sur le bord.

Buck sa prudko oprel dozadu, labky sa mu šmýkali a triasli sa
na okraji.

Dave a également tendu vers l'arrière, juste derrière Buck
sur la ligne.

Dave sa tiež napnul dozadu, hneď za Bucka na lane.

François tirait sur le traîneau, ses muscles craquant sous
l'effort.

François ťahal sane, svaly mu praskali od námahy.

Une autre fois, la glace du bord s'est fissurée devant et
derrière le traîneau.

Inokedy okrajový ľad praskol pred a za saňami.

Ils n'avaient d'autre issue que d'escalader une paroi
rocheuse gelée.

Nemali inú cestu von, len vyliezť na zamrznutú stenu útesu.

Perrault a réussi à escalader le mur, mais un miracle l'a
maintenu en vie.

Perrault sa nejako prešplhal na múr; zázrak ho udržal nažive.

François resta en bas, priant pour avoir le même genre de chance.

François zostal dole a modlil sa za rovnaké šťastie.

Ils ont attaché chaque sangle, chaque amarrage et chaque traçage en une seule longue corde.

Zviazali každý popruh, šnúru a lano do jedného dlhého lana.

Les hommes ont hissé chaque chien, un par un, jusqu'au sommet.

Muži vytiahli každého psa hore, jedného po druhom, na vrchol.

François est monté en dernier, après le traîneau et toute la charge.

François liezol posledný, po saniach a celom náklade.

Commença alors une longue recherche d'un chemin pour descendre des falaises.

Potom sa začalo dlhé hľadanie cesty dole z útesov.

Ils sont finalement descendus en utilisant la même corde qu'ils avaient fabriquée.

Nakoniec zostúpili pomocou toho istého lana, ktoré si vyrobili.

La nuit tombait alors qu'ils retournaient au lit de la rivière, épuisés et endoloris.

Zotmelo sa, keď sa vyčerpaní a ubolení vracali do koryta rieky.

La journée entière ne leur avait permis de gagner qu'un quart de mile.

Trvalo im celý deň, kým prešli len štvrť míle.

Au moment où ils atteignirent le Hootalinqua, Buck était épuisé.

Keď dorazili k Hootalinquovi, Buck bol vyčerpaný.

Les autres chiens ont tout autant souffert des conditions du sentier.

Ostatné psy trpeli rovnako ťažko kvôli podmienkam na chodníku.

Mais Perrault avait besoin de récupérer du temps et les poussait chaque jour.

Perrault však potreboval získať späť čas a každý deň ich tlačil vpred.

Le premier jour, ils ont parcouru trente miles jusqu'à Big Salmon.

Prvý deň precestovali tridsať míľ do Big Salmonu.

Le lendemain, ils parcoururent trente-cinq milles jusqu'à Little Salmon.

Na druhý deň precestovali tridsaťpäť míľ do Little Salmon.

Le troisième jour, ils ont parcouru quarante longs kilomètres gelés.

Na tretí deň sa pretlačili cez dlhých štyridsať kilometrov zamrznutých oblastí.

À ce moment-là, ils approchaient de la colonie de Five Fingers.

V tom čase sa už blížili k osade Five Fingers.

Les pieds de Buck étaient plus doux que les pieds durs des huskies indigènes.

Buckove nohy boli mäkšie ako tvrdé nohy pôvodných huskyov.

Ses pattes étaient devenues plus fragiles au fil des générations civilisées.

Jeho labky zoslabli počas mnohých civilizovaných generácií.

Il y a longtemps, ses ancêtres avaient été apprivoisés par des hommes de la rivière ou des chasseurs.

Kedysi dávno boli jeho predkovia skrotení riečnymi ľuďmi alebo lovcami.

Chaque jour, Buck boitait de douleur, marchant sur des pattes à vif et douloureuses.

Buck každý deň kríval od bolesti a chodil po odumretých, boľavých labkách.

Au camp, Buck tomba comme une forme sans vie sur la neige.

V tábore Buck klesol ako bezvládne telo na sneh.

Bien qu'affamé, Buck ne s'est pas levé pour manger son repas du soir.

Hoci bol hladný, Buck nevstal, aby zjedol večeru.

François apporta sa ration à Buck, en déposant du poisson près de son museau.

François priniesol Buckovi jeho prídel a položil mu rybu pri papuli.

Chaque nuit, le chauffeur frottait les pieds de Buck pendant une demi-heure.

Každú noc vodič pol hodiny masíroval Buckove nohy.

François a même découpé ses propres mocassins pour en faire des chaussures pour chiens.

François si dokonca nastrihal vlastné mokasíny, aby z nich vyrobil obuv pre psov.

Quatre chaussures chaudes ont apporté à Buck un grand et bienvenu soulagement.

Štyri teplé topánky poskytli Buckovi veľkú a vítanú úľavu.

Un matin, François oublia ses chaussures et Buck refusa de se lever.

Jedného rána si François zabudol topánky a Buck odmietol vstať.

Buck était allongé sur le dos, les pieds en l'air, les agitant pitoyablement.

Buck ležal na chrbte s nohami vo vzduchu a žalostne nimi mával.

Même Perrault sourit à la vue de l'appel dramatique de Buck.

Dokonca aj Perrault sa uškrnul pri pohľade na Buckovu dramatickú prosbu.

Bientôt, les pieds de Buck devinrent durs et les chaussures purent être jetées.

Buckovi čoskoro stvrdli nohy a topánky sa mohli vyzuť.

À Pelly, pendant le temps du harnais, Dolly laissait échapper un hurlement épouvantable.

V Pelly, počas zapredávania, Dolly vydala strašný výkrik.

Le cri était long et rempli de folie, secouant chaque chien.

Krik bol dlhý a plný šialenstva, triasol každým psom.

Chaque chien se hérissait de peur sans en connaître la raison.

Každý pes sa od strachu ježil bez toho, aby vedel prečo.

Dolly était devenue folle et s'était jetée directement sur Buck.

Dolly sa zbláznila a vrhla sa priamo na Bucka.

Buck n'avait jamais vu la folie, mais l'horreur remplissait son cœur.

Buck nikdy nevidel šialenstvo, ale hrôza mu naplnila srdce.

Sans réfléchir, il se retourna et s'enfuit, complètement paniqué.

Bez rozmýšľania sa otočil a v panike utiekol.

Dolly le poursuivit, les yeux fous, la salive s'échappant de ses mâchoires.

Dolly ho prenasledovala s divokými očami a slinami, ktoré jej tiekli z čeľustí.

Elle est restée juste derrière Buck, sans jamais gagner ni reculer.

Držala sa tesne za Buckom, nikdy ho nepredbiehala ani neustupovala.

Buck courut à travers les bois, le long de l'île, sur de la glace déchiquetée.

Buck bežal lesom, dolu ostrovom, cez rozoklaný ľad.

Il traversa vers une île, puis une autre, revenant vers la rivière.

Prešiel k ostrovu, potom k ďalšiemu a vrátil sa späť k rieke.

Dolly le poursuivait toujours, son grognement le suivant de près à chaque pas.

Dolly ho stále prenasledovala a vrčala za ním pri každom kroku.

Buck pouvait entendre son souffle et sa rage, même s'il n'osait pas regarder en arrière.

Buck počul jej dych a zúrivosť, hoci sa neodvážil obzrieť späť.

François cria de loin, et Buck se tourna vers la voix.

François zakričal z diaľky a Buck sa otočil za hlasom.

Encore à bout de souffle, Buck courut, plaçant tout espoir en François.

Buck stále lapal po dychu a prebehol okolo, vkladajúc všetku nádej vo Françoisa.

Le conducteur du chien leva une hache et attendit que Buck
passe à toute vitesse.

Psár zdvihol sekeru a čakal, kým okolo preletí Buck.

La hache s'abattit rapidement et frappa la tête de Dolly avec
une force mortelle.

Sekera rýchlo dopadla a udrela Dolly do hlavy smrtiacou
silou.

Buck s'est effondré près du traîneau, essoufflé et incapable
de bouger.

Buck sa zrútil blízko saní, sipel a neschopný sa pohnúť.

Ce moment a donné à Spitz l'occasion de frapper un ennemi
épuisé.

V tej chvíli mal Spitz šancu zasiahnuť vyčerpaného súpera.

Il a mordu Buck à deux reprises, déchirant la chair jusqu'à
l'os blanc.

Dvakrát uhryzol Bucka a roztrhal mu mäso až po bielu kosť.

Le fouet de François claqua, frappant Spitz avec toute sa
force et sa fureur.

Françoisov bič praskol a udrel Spitza plnou, zúrivou silou.

Buck regarda avec joie Spitz recevoir sa raclée la plus dure
jusqu'à présent.

Buck s radosťou sledoval, ako Spitz dostáva svoj doteraz
najtvrdší výprask.

« C'est un diable, ce Spitz », murmura sombrement Perrault
pour lui-même.

„Je to diabol, ten Spitz," zamrmlal si Perrault temne popod
nos.

« Un jour prochain, ce maudit chien tuera Buck, je le jure. »

„Jedného dňa čoskoro ten prekliaty pes zabije Bucka –
prisahám."

« Ce Buck a deux démons en lui », répondit François en
hochant la tête.

„Ten Buck má v sebe dvoch diablov," odpovedal François s
prikývnutím.

« Quand je regarde Buck, je sais que quelque chose de féroce
l'attend. »

„Keď sledujem Bucka, viem, že v ňom čaká niečo zúrivé."

« Un jour, il deviendra fou comme le feu et mettra Spitz en pièces. »

„Jedného dňa sa rozzúri ako oheň a roztrhá Špica na kusy."

« Il va mâcher ce chien et le recracher sur la neige gelée. »

„Rozohryzie toho psa a vypľuje ho na zamrznutý sneh."

« Bien sûr que non, je le sais au plus profond de moi. »

„Jasné, že to viem hlboko v kostiach."

À partir de ce moment-là, les deux chiens étaient engagés dans une guerre.

Od tej chvíle boli medzi týmito dvoma psami vojna.

Spitz a dirigé l'équipe et a conservé le pouvoir, mais Buck a contesté cela.

Spitz viedol tím a mal moc, ale Buck to spochybnil.

Spitz a vu son rang menacé par cet étrange étranger du Sud.

Spitz videl, ako tento zvláštny cudzinec z Juhu ohrozuje jeho hodnosť.

Buck ne ressemblait à aucun autre chien du sud que Spitz avait connu auparavant.

Buck sa nepodobal žiadnemu južanskému psovi, akého Spitz predtým poznal.

La plupart d'entre eux ont échoué, trop faibles pour survivre au froid et à la faim.

Väčšina z nich zlyhala – boli príliš slabí na to, aby prežili zimu a hlad.

Ils sont morts rapidement à cause du travail, du gel et de la lenteur de la famine.

Rýchlo umierali pod prácou, mrazom a pomalým horením hladomoru.

Buck se démarquait : plus fort, plus intelligent et plus sauvage chaque jour.

Buck vyčnieval z davu – silnejší, múdrejší a každý deň divokejší.

Il a prospéré dans les difficultés, grandissant jusqu'à égaler les huskies du Nord.

Darilo sa mu v ťažkostiach a vyrástol tak, aby sa vyrovnal severným huskyom.

Buck avait de la force, une habileté sauvage et un instinct patient et mortel.

Buck mal silu, divokú zručnosť a trpezlivý, smrtiaci inštinkt.

L'homme avec la massue avait fait perdre à Buck toute témérité.

Muž s palicou z Bucka vyhnal unáhlenosť.

La fureur aveugle avait disparu, remplacée par une ruse silencieuse et un contrôle.

Slepá zúrivosť bola preč, nahradila ju tichá prefíkanosť a sebakontrola.

Il attendait, calme et primitif, guettant le bon moment.

Čakal, pokojný a prapôvodný, vyčkával na správny okamih.

Leur lutte pour le commandement est devenue inévitable et claire.

Ich boj o velenie sa stal nevyhnutným a jasným.

Buck désirait être un leader parce que son esprit l'exigeait.

Buck túžil po vedení, pretože si to vyžadoval jeho duch.

Il était poussé par l'étrange fierté née du sentier et du harnais.

Poháňala ho zvláštna hrdosť prameniaca z cesty a postroja.

Cette fierté a poussé les chiens à tirer jusqu'à ce qu'ils s'effondrent sur la neige.

Tá hrdosť nútila psy ťahať, až kým sa nezrútili na sneh.

L'orgueil les a poussés à donner toute la force qu'ils avaient.

Pýcha ich lákala k tomu, aby vydali všetku svoju silu.

L'orgueil peut attirer un chien de traîneau jusqu'à la mort.

Pýcha dokáže zlákať záprahového psa až na smrť.

La perte du harnais a laissé les chiens brisés et sans but.

Strata postroja zanechala psy zlomené a bez účelu.

Le cœur d'un chien de traîneau peut être brisé par la honte lorsqu'il prend sa retraite.

Srdce záprahového psa môže byť zdrvené hanbou, keď odíde do dôchodku.

Dave vivait avec cette fierté alors qu'il tirait le traîneau par derrière.

Dave žil z tejto hrdosti, keď ťahal sane zozadu.

Solleks, lui aussi, a tout donné avec une force et une loyauté redoutables.

Aj Solleks zo seba vydal všetko s pochmúrnou silou a lojalitou.

Chaque matin, l'orgueil les faisait passer de l'amertume à la détermination.

Každé ráno ich pýcha zmenila zo zatrpknutosti na odhodlanie.

Ils ont poussé toute la journée, puis sont restés silencieux à la fin du camp.

Celý deň sa tlačili a potom na konci tábora stíchli.

Cette fierté a donné à Spitz la force de battre les tire-au-flanc.

Táto hrdosť dala Spitzovi silu predbehnúť tých, ktorí sa vyhýbali zodpovednosti.

Spitz craignait Buck parce que Buck portait cette même fierté profonde.

Spitz sa Bucka bál, pretože Buck v sebe niesol rovnakú hlbokú hrdosť.

L'orgueil de Buck s'est alors retourné contre Spitz, et il ne s'est pas arrêté.

Buckova hrdosť sa teraz vzbúrila proti Spitzovi a nezastavil sa.

Buck a défié le pouvoir de Spitz et l'a empêché de punir les chiens.

Buck sa vzoprel Spitzovej moci a zabránil mu v trestaní psov.

Lorsque les autres échouaient, Buck s'interposait entre eux et leur chef.

Keď iní zlyhali, Buck sa postavil medzi nich a ich vodcu.

Il l'a fait intentionnellement, en rendant son défi ouvert et clair.

Urobil to zámerne, čím svoju výzvu vyjadril otvorene a jasne.

Une nuit, une forte neige a recouvert le monde d'un profond silence.

Jednej noci husté sneženie zahalilo svet hlbokým tichom.

Le lendemain matin, Pike, paresseux comme toujours, ne se leva pas pour aller travailler.

Nasledujúce ráno Pike, lenivý ako vždy, nevstal do práce.

Il est resté caché dans son nid sous une épaisse couche de neige.

Zostal schovaný vo svojom hniezde pod hrubou vrstvou snehu.

François a appelé et cherché, mais n'a pas pu trouver le chien.

François zavolal a hľadal, ale psa nenašiel.

Spitz devint furieux et se précipita à travers le camp couvert de neige.

Spitz sa rozzúril a vbehol cez zasnežený tábor.

Il grogna et renifla, creusant frénétiquement avec des yeux flamboyants.

Vrčal a čuchal, šialene hrabal s planúcimi očami.

Sa rage était si féroce que Pike tremblait sous la neige de peur.

Jeho zúrivosť bola taká prudká, že sa Šťuka triasla pod snehom od strachu.

Lorsque Pike fut finalement retrouvé, Spitz se précipita pour punir le chien qui se cachait.

Keď Pikea konečne našli, Spitz sa vrhol na skrývajúceho sa psa, aby ho potrestal.

Mais Buck s'est précipité entre eux avec une fureur égale à celle de Spitz.

Ale Buck medzi nich skočil s rovnakou zúrivosťou ako Spitzova.

L'attaque fut si soudaine et intelligente que Spitz tomba.

Útok bol taký náhly a šikovný, že Spitz spadol z nôh.

Pike, qui tremblait, puisa du courage dans ce défi.

Pike, ktorý sa celý triasol, nabral z tohto vzdoru odvahu.

Il sauta sur le Spitz tombé, suivant l'exemple audacieux de Buck.

Skočil na padlého Špica, nasledujúc Buckov odvážny príklad.

Buck, n'étant plus tenu par l'équité, a rejoint la grève contre Spitz.

Buck, už neviazaný spravodlivosťou, sa pridal k štrajku na Spitzi.

François, amusé mais ferme dans sa discipline, balançait son lourd fouet.

François, pobavený, no zároveň neochvejný v disciplíne, švihol ťažkým bičom.

Il frappa Buck de toutes ses forces pour mettre fin au combat.

Z celej sily udrel Bucka, aby prerušil bitku.

Buck a refusé de bouger et est resté au sommet du chef tombé.

Buck sa odmietol pohnúť a zostal na vrchole padlého vodcu.

François a ensuite utilisé le manche du fouet, frappant Buck durement.

François potom použil rúčku biča a silno udrel Bucka.

Titubant sous le coup, Buck recula sous l'assaut.

Buck sa potácal pod úderom a spadol pod útokom.

François frappait encore et encore tandis que Spitz punissait Pike.

François udrel znova a znova, zatiaľ čo Spitz trestal Pikea.

Les jours passèrent et Dawson City se rapprocha de plus en plus.

Dni plynuli a Dawson City sa približovalo a približovalo.

Buck n'arrêtait pas d'intervenir, se glissant entre le Spitz et les autres chiens.

Buck sa stále miešal a vkĺzaval medzi Špica a ostatné psy.

Il choisissait bien ses moments, attendant toujours que François parte.

Dobre si vyberal chvíle, vždy čakal, kým François odíde.

La rébellion silencieuse de Buck s'est propagée et le désordre a pris racine dans l'équipe.

Buckova tichá vzbura sa šírila a v tíme sa zakorenil neporiadok.

Dave et Solleks sont restés fidèles, mais d'autres sont devenus indisciplinés.

Dave a Solleks zostali verní, ale iní sa stali neposlušnými.

L'équipe est devenue de plus en plus agitée, querelleuse et hors de propos.

Tím sa zhoršoval – bol nepokojný, hádavý a nesúrodý.

Plus rien ne fonctionnait correctement et les bagarres devenaient courantes.

Nič už nefungovalo hladko a bitky sa stali bežnými.

Buck est resté au cœur des troubles, provoquant toujours des troubles.

Buck zostal v centre diania a neustále vyvolával nepokoje.

François restait vigilant, effrayé par le combat entre Buck et Spitz.

François zostal v strehu, pretože sa bál bitky medzi Buckom a Spitzom.

Chaque nuit, des bagarres le réveillaient, craignant que le commencement n'arrive enfin.

Každú noc ho budili šarvátky, pretože sa bál, že konečne nastal začiatok.

Il sauta de sa robe, prêt à mettre fin au combat.

Vyskočil zo svojho rúcha, pripravený prerušiť boj.

Mais le moment n'arriva jamais et ils atteignirent finalement Dawson.

Ale tá chvíľa nikdy neprišla a konečne dorazili do Dawsonu.

L'équipe est entrée dans la ville un après-midi sombre, tendu et calme.

Tím v jedno pochmúrne popoludnie vstúpil do mesta, napätý a tichý.

La grande bataille pour le leadership était encore en suspens dans l'air glacial.

Veľký boj o vedenie stále visel v zamrznutom vzduchu.

Dawson était rempli d'hommes et de chiens de traîneau, tous occupés à travailler.

Dawson bol plný mužov a záprahových psov, všetci boli zaneprázdnení prácou.

Buck regardait les chiens tirer des charges du matin au soir.

Buck sledoval, ako psy ťahajú bremená od rána do večera.

Ils transportaient des bûches et du bois de chauffage et acheminaient des fournitures vers les mines.

Prepravovali polená a palivové drevo, prepravovali zásoby do baní.

Là où les chevaux travaillaient autrefois dans le Southland, les chiens travaillent désormais.

Tam, kde kedysi na Juhu pracovali kone, teraz namáhali psy.

Buck a vu quelques chiens du Sud, mais la plupart étaient des huskies ressemblant à des loups.

Buck videl niekoľko psov z juhu, ale väčšina z nich boli huskyja podobní vlkom.

La nuit, comme une horloge, les chiens élevaient la voix pour chanter.

V noci, ako hodinky, psy zvyšovali hlasy v speve.

À neuf heures, à minuit et à nouveau à trois heures, les chants ont commencé.

O deviatej, o polnoci a znova o tretej sa začal spev.

Buck aimait se joindre à leur chant étrange, au son sauvage et ancien.

Buck sa s nadšením pridával k ich strašidelnému spevu, divokému a starodávnemu.

Les aurores boréales flamboyaient, les étoiles dansaient et la neige recouvrait le pays.

Polárna žiara vzplanula, hviezdy tancovali a krajinu pokrýval sneh.

Le chant des chiens s'éleva comme un cri contre le silence et le froid glacial.

Psí spev sa zdvíhal ako krik proti tichu a krutej zime.

Mais leur hurlement contenait de la tristesse, et non du défi, dans chaque longue note.

Ale v každom dlhom tóne ich zavýjania bolo cítiť smútok, nie vzdor.

Chaque cri plaintif était plein de supplications, le fardeau de la vie elle-même.

Každý nárek bol plný prosieb; ťarcha samotného života.

Cette chanson était vieille, plus vieille que les villes et plus vieille que les incendies.

Tá pieseň bola stará – staršia než mestá a staršia než požiare

Cette chanson était encore plus ancienne que les voix des hommes.

Tá pieseň bola ešte staršia než ľudské hlasy.

C'était une chanson du monde des jeunes, quand toutes les chansons étaient tristes.

Bola to pieseň z mladého sveta, keď boli všetky piesne smutné.

La chanson portait la tristesse d'innombrables générations de chiens.

Pieseň niesla smútok nespočetných generácií psov.

Buck ressentait profondément la mélodie, gémissant de douleur enracinée dans les âges.

Buck hlboko precítil melódiu a stonal od bolesti zakorenenej vo vekoch.

Il sanglotait d'un chagrin aussi vieux que le sang sauvage dans ses veines.

Vzlykal od žiaľu starého ako divoká krv v jeho žilách.

Le froid, l'obscurité et le mystère ont touché l'âme de Buck.

Chlad, tma a tajomstvo sa dotkli Buckovej duše.

Cette chanson prouvait à quel point Buck était revenu à ses origines.

Tá pieseň dokázala, ako ďaleko sa Buck vrátil k svojim koreňom.

À travers la neige et les hurlements, il avait trouvé le début de sa propre vie.

Cez sneh a zavýjanie našiel začiatok svojho vlastného života.

Sept jours après leur arrivée à Dawson, ils repartent.

Sedem dní po príchode do Dawsonu sa opäť vydali na cestu.

L'équipe est descendue de la caserne jusqu'au sentier du Yukon.

Tím zostúpil z kasární dole na Yukon Trail.

Ils ont commencé le voyage de retour vers Dyea et Salt Water.

Začali cestu späť k Dyea a Salt Water.

Perrault portait des dépêches encore plus urgentes qu'auparavant.

Perrault nosil ešte naliehavejšie zásielky ako predtým.

Il était également saisi par la fierté du sentier et avait pour objectif d'établir un record.

Tiež ho pohltila hrdosť na trail a jeho cieľom bolo vytvoriť rekord.

Cette fois, plusieurs avantages étaient du côté de Perrault.

Tentoraz bolo na Perraultovej strane niekoľko výhod.

Les chiens s'étaient reposés pendant une semaine entière et avaient repris des forces.

Psy odpočívali celý týždeň a nabrali späť sily.

Le sentier qu'ils avaient ouvert était maintenant damé par d'autres.

Chodník, ktorý vydláždili, teraz vydupali iní.

À certains endroits, la police avait stocké de la nourriture pour les chiens et les hommes.

Na niektorých miestach mala polícia uskladnené jedlo pre psy aj mužov.

Perrault voyageait léger, se déplaçait rapidement et n'avait pas grand-chose pour l'alourdir.

Perrault cestoval naľahko, pohyboval sa rýchlo a málo ho zaťažovalo.

Ils ont atteint Sixty-Mile, une course de cinquante milles, dès la première nuit.

Prvú noc dosiahli Sixty-Mile, päťdesiatmíľový beh.

Le deuxième jour, ils se sont précipités sur le Yukon en direction de Pelly.

Na druhý deň sa ponáhľali hore Yukonom smerom k Pelly.

Mais ces beaux progrès ont été accompagnés de beaucoup de difficultés pour François.

Ale takýto pekný pokrok prišiel pre Françoisa s veľkou námahou.

La rébellion silencieuse de Buck avait brisé la discipline de l'équipe.

Buckova tichá vzbura narušila disciplínu v tíme.

Ils ne se rassemblaient plus comme une seule bête dans les rênes.

Už neťahali za jeden povraz ako jedna beštia v uzde.

Buck avait conduit d'autres personnes à la défiance par son exemple audacieux.

Buck svojím odvážnym príkladom viedol ostatných k vzdoru.

L'ordre de Spitz n'a plus été accueilli avec crainte ou respect.

Spitzov rozkaz sa už nestretával so strachom ani rešpektom.

Les autres ont perdu leur respect pour lui et ont osé résister à son règne.

Ostatní stratili k nemu úctu a odvážili sa vzoprieť jeho vláde.

Une nuit, Pike a volé la moitié d'un poisson et l'a mangé sous les yeux de Buck.

Jednej noci Pike ukradol pol ryby a zjedol ju Buckovi priamo pred očami.

Une autre nuit, Dub et Joe se sont battus contre Spitz et sont restés impunis.

Ďalšiu noc sa Dub a Joe pobili so Spitzom a zostali bez trestu.

Même Billee gémissait moins doucement et montrait une nouvelle vivacité.

Dokonca aj Billee kňučala menej sladko a prejavila novú bystrosť.

Buck grognait sur Spitz à chaque fois qu'ils se croisaient.

Buck zavrčal na Spitza vždy, keď sa im skrížili cesty.

L'attitude de Buck devint audacieuse et menaçante, presque comme celle d'un tyran.

Buckov postoj sa stal odvážnym a hrozivým, takmer ako u tyrana.

Il marchait devant Spitz avec une démarche assurée, pleine de menace moqueuse.

Prechádzal sa pred Spitzom s chvastavým výrazom plným posmešnej hrozby.

Cet effondrement de l'ordre s'est également propagé parmi les chiens de traîneau.

Tento kolaps poriadku sa rozšíril aj medzi záprahovými psami.

Ils se battaient et se disputaient plus que jamais, remplissant le camp de bruit.

Hádali sa a hádali viac ako kedykoľvek predtým, čím tábor naplnili hlukom.

La vie au camp se transformait chaque nuit en un chaos sauvage et hurlant.

Život v tábore sa každú noc menil na divoký, zavýjajúci chaos.

Seuls Dave et Solleks sont restés stables et concentrés.
Iba Dave a Solleks zostali stabilní a sústredení.
Mais même eux sont devenus colériques à cause des bagarres incessantes.
Ale aj oni sa kvôli neustálym bitkám rozčúlili.
François jurait dans des langues étranges et piétinait de frustration.
François zanadával v zvláštnych jazykoch a frustrovane dupol nohami.
Il s'arrachait les cheveux et criait tandis que la neige volait sous ses pieds.
Trhal si vlasy a kričal, zatiaľ čo pod nohami lietal sneh.
Son fouet claqua sur le groupe, mais parvint à peine à les maintenir en ligne.
Jeho bič šľahol po svorke, ale ledva ich udržal v rade.
Chaque fois qu'il tournait le dos, les combats reprenaient.
Vždy, keď sa otočil chrbtom, boje vypukli znova.
François a utilisé le fouet pour Spitz, tandis que Buck a dirigé les rebelles.
François použil bič pre Spitza, zatiaľ čo Buck viedol rebelov.
Chacun connaissait le rôle de l'autre, mais Buck évitait tout blâme.
Každý poznal úlohu toho druhého, ale Buck sa vyhýbal akémukoľvek obviňovaniu.
François n'a jamais surpris Buck en train de provoquer une bagarre ou de se dérober à son travail.
François nikdy neprichytil Bucka pri začatí bitky alebo pri vyhýbaní sa práci.
Buck travaillait dur sous le harnais – le travail lui faisait désormais vibrer l'esprit.
Buck tvrdo pracoval v postroji – drina teraz vzrušovala jeho ducha.
Mais il trouvait encore plus de joie à provoquer des bagarres et du chaos dans le camp.
Ale ešte väčšiu radosť nachádzal v rozdúchavaní bitiek a chaosu v tábore.

Un soir, à l'embouchure du Tahkeena, Dub fit sursauter un lapin.

Jedného večera pri Tahkeeninej papuli Dub vyplašil králika.

Il a raté la prise et le lièvre d'Amérique s'est enfui.

Nezachytil ho a zajac na snežniciach odskočil preč.

En quelques secondes, toute l'équipe de traîneau s'est lancée à sa poursuite en poussant des cris sauvages.

O niekoľko sekúnd sa celý záprah s divokým krikom dal do prenasledovania.

À proximité, un camp de la police du Nord-Ouest abritait une cinquantaine de chiens huskys.

Neďaleko sa v tábore severozápadnej polície nachádzalo päťdesiat psov husky.

Ils se sont joints à la chasse, descendant ensemble la rivière gelée.

Pridali sa k lovu a spoločne sa rútili dolu zamrznutou riekou.

Le lapin a quitté la rivière et s'est enfui dans le lit d'un ruisseau gelé.

Králik odbočil z rieky a utekal hore zamrznutým korytom potoka.

Le lapin sautait légèrement sur la neige tandis que les chiens peinaient à se frayer un chemin.

Králik zľahka poskakoval po snehu, zatiaľ čo psy sa cezň predierali.

Buck menait l'énorme meute de soixante chiens dans chaque virage sinueux.

Buck viedol obrovskú svorku šesťdesiatich psov okolo každej kľukatej zákruty.

Il avança, bas et impatient, mais ne put gagner du terrain.

Tlačil sa vpred, nízko a dychtivo, ale nemohol sa presadiť.

Son corps brillait sous la lune pâle à chaque saut puissant.

Jeho telo sa mihalo pod bledým mesiacom s každým silným skokom.

Devant, le lapin se déplaçait comme un fantôme, silencieux et trop rapide pour être attrapé.

Pred nimi sa králik pohyboval ako duch, tichý a príliš rýchly na to, aby ho chytili.

Tous ces vieux instincts – la faim, le frisson – envahirent Buck.

Všetky tie staré inštinkty – hlad, vzrušenie – prebehli Buckom.

Les humains ressentent parfois cet instinct et sont poussés à chasser avec une arme à feu et des balles.

Ľudia tento inštinkt občas pociťujú, sú hnaní loviť so zbraňou a guľkou.

Mais Buck ressentait ce sentiment à un niveau plus profond et plus personnel.

Buck však tento pocit cítil na hlbšej a osobnejšej úrovni.

Ils ne pouvaient pas ressentir la nature sauvage dans leur sang comme Buck pouvait la ressentir.

Nedokázali cítiť divočinu vo svojej krvi tak, ako ju cítil Buck.

Il chassait la viande vivante, prêt à tuer avec ses dents et à goûter le sang.

Naháňal živé mäso, pripravený zabíjať zubami a ochutnať krv.

Son corps se tendait de joie, voulant se baigner dans la vie rouge et chaude.

Jeho telo sa napínalo radosťou, túžilo sa kúpať v teplej červenej farbe života.

Une joie étrange marque le point le plus élevé que la vie puisse atteindre.

Zvláštna radosť označuje najvyšší bod, aký môže život dosiahnuť.

La sensation d'un pic où les vivants oublient même qu'ils sont en vie.

Pocit vrcholu, kde živí zabudnú, že vôbec žijú.

Cette joie profonde touche l'artiste perdu dans une inspiration fulgurante.

Táto hlboká radosť sa dotýka umelca strateného v žiarivej inšpirácii.

Cette joie saisit le soldat qui se bat avec acharnement et n'épargne aucun ennemi.

Táto radosť zmocňuje sa vojaka, ktorý bojuje divoko a nešetrí žiadneho nepriateľa.

Cette joie s'empara alors de Buck alors qu'il menait la meute dans une faim primitive.

Táto radosť teraz pohltila Bucka, ktorý viedol svorku v prvotnom hlade.

Il hurla avec le cri ancien du loup, ravi par la chasse vivante.

Zavýjal starodávnym vlčím krikom, vzrušený živou naháňačkou.

Buck a puisé dans la partie la plus ancienne de lui-même, perdue dans la nature.

Buck sa napojil na najstaršiu časť seba, stratenú v divočine.

Il a puisé au plus profond de lui-même, au-delà de la mémoire, dans le temps brut et ancien.

Siahol hlboko v sebe, za hranice pamäti, do surového, dávneho času.

Une vague de vie pure a traversé chaque muscle et chaque tendon.

Vlna čistého života prebehla každým svalom a šľachou.

Chaque saut criait qu'il vivait, qu'il traversait la mort.

Každý skok kričal, že žije, že prechádza smrťou.

Son corps s'élevait joyeusement au-dessus d'une terre calme et froide qui ne bougeait jamais.

Jeho telo sa radostne vznášalo nad tichou, studenou zemou, ktorá sa nikdy nepohla.

Spitz est resté froid et rusé, même dans ses moments les plus fous.

Spitz zostal chladný a prefíkaný, dokonca aj v tých najdivokejších chvíľach.

Il quitta le sentier et traversa un terrain où le ruisseau formait une large courbe.

Opustil chodník a prešiel cez pevninu, kde sa potok široko stáčal.

Buck, inconscient de cela, resta sur le chemin sinueux du lapin.

Buck si toho nevedomý zostal na kľukatej cestičke králika.

Puis, alors que Buck tournait un virage, le lapin fantomatique était devant lui.

Potom, keď Buck zabočil za zákrutu, pred ním sa objavil králik podobný duchu.

Il vit une deuxième silhouette sauter de la berge devant la proie.

Videl druhú postavu, ako vyskočila z brehu pred korisť.

La silhouette était celle d'un Spitz, atterrissant juste sur le chemin du lapin en fuite.

Postavou bol Spitz, ktorý pristál priamo v ceste utekajúcemu králikovi.

Le lapin ne pouvait pas se retourner et a rencontré les mâchoires de Spitz en plein vol.

Králik sa nemohol otočiť a vo vzduchu sa stretol so Spitzovými čeľusťami.

La colonne vertébrale du lapin se brisa avec un cri aussi aigu que le cri d'un humain mourant.

Králikovi sa zlomila chrbtica s výkrikom ostrým ako plač umierajúceho človeka.

À ce bruit – la chute de la vie à la mort – la meute hurla fort.

Pri tom zvuku – páde zo života do smrti – svorka hlasno zavýjala.

Un chœur sauvage s'éleva derrière Buck, plein de joie sombre.

Spoza Bucka sa ozval divoký zbor plný temnej rozkoše.

Buck n'a émis aucun cri, aucun son, et a chargé directement Spitz.

Buck nevykríkol, nevydal ani hlásku a vrhol sa priamo na Spitza.

Il a visé la gorge, mais a touché l'épaule à la place.

Mieril na hrdlo, ale namiesto toho trafil rameno.

Ils dégringolèrent dans la neige molle, leurs corps bloqués dans le combat.

Prepadali sa mäkkým snehom; ich telá sa zovreli v boji.

Spitz se releva rapidement, comme s'il n'avait jamais été renversé.

Spitz rýchlo vyskočil, akoby ho nikto nezrazil.

Il a entaillé l'épaule de Buck, puis s'est éloigné du combat.

Sekol Bucka do ramena a potom odskočil z boja.

À deux reprises, ses dents claquèrent comme des pièges en acier, ses lèvres se retroussèrent et devinrent féroces.

Dvakrát mu cvakli zuby ako oceľové pasce, pery zovrel a zúrivo pôsobil.

Il recula lentement, cherchant un sol ferme sous ses pieds.

Pomaly cúval a hľadal pevnú pôdu pod nohami.

Buck a compris le moment instantanément et pleinement.

Buck okamžite a úplne pochopil tú chvíľu.

Le moment était venu ; le combat allait être un combat à mort.

Nastal čas; boj mal byť bojom na smrť.

Les deux chiens tournaient en rond, grognant, les oreilles plates, les yeux plissés.

Dva psy krúžili okolo, vrčali, uši boli sploštené a oči zúžené.

Chaque chien attendait que l'autre montre une faiblesse ou fasse un faux pas.

Každý pes čakal, kým ten druhý prejaví slabosť alebo urobí chybný krok.

Pour Buck, la scène semblait étrangement connue et profondément ancrée dans ses souvenirs.

Buckovi sa tá scéna zdala byť strašidelne známa a hlboko v nej zapamätaná.

Les bois blancs, la terre froide, la bataille au clair de lune.

Biele lesy, studená zem, bitka pod mesačným svetlom.

Un silence pesant emplissait le pays, profond et contre nature.

Krajinu naplnilo ťažké ticho, hlboké a neprirodzené.

Aucun vent ne soufflait, aucune feuille ne bougeait, aucun bruit ne brisait le silence.

Ani vietor sa nepohol, ani list sa nepohol, ani zvuk neprerušil ticho.

Le souffle des chiens s'élevait comme de la fumée dans l'air glacial et calme.

Psí dych stúpal ako dym v zamrznutom, tichom vzduchu.

Le lapin a été depuis longtemps oublié par la meute de bêtes sauvages.

Králik bol svorkou divých zvierat dávno zabudnutý.

Ces loups à moitié apprivoisés se tenaient maintenant immobiles dans un large cercle.

Tieto napoly skrotené vlky teraz stáli nehybne v širokom kruhu.

Ils étaient silencieux, seuls leurs yeux brillants révélaient leur faim.

Boli ticho, len ich žiariace oči prezrádzali ich hlad.

Leur souffle s'éleva, regardant le combat final commencer.

Zatajili dych a sledovali, ako sa začína záverečný boj.

Pour Buck, cette bataille était ancienne et attendue, pas du tout étrange.

Pre Bucka bola táto bitka stará a očakávaná, vôbec nie zvláštna.

C'était comme un souvenir de quelque chose qui devait arriver depuis toujours.

Cítila som sa ako spomienka na niečo, čo sa malo vždy stať.

Le Spitz était un chien de combat entraîné, affiné par d'innombrables bagarres sauvages.

Špic bol vycvičený bojový pes, zdokonalený nespočetnými divokými bitkami.

Du Spitzberg au Canada, il a vaincu de nombreux ennemis.

Od Špicbergov až po Kanadu si zvládol mnohých nepriateľov.

Il était rempli de fureur, mais n'a jamais cédé au contrôle de la rage.

Bol plný zúrivosti, ale nikdy sa nedal ovládať.

Sa passion était vive, mais toujours tempérée par un instinct dur.

Jeho vášeň bola ostrá, ale vždy miernená tvrdým inštinktom.

Il n'a jamais attaqué jusqu'à ce que sa propre défense soit en place.

Nikdy neútočil, kým si nebol pripravený na vlastnú obranu.

Buck a essayé encore et encore d'atteindre le cou vulnérable de Spitz.

Buck sa znova a znova pokúšal dosiahnuť na Spitzov zraniteľný krk.

Mais chaque coup était accueilli par un coup des dents acérées de Spitz.

Ale každý úder sa stretol s ranou Spitzových ostrých zubov.

Leurs crocs se sont heurtés et les deux chiens ont saigné de leurs lèvres déchirées.

Ich tesáky sa stretli a obom psom tiekla krv z roztrhnutých pier.

Peu importe comment Buck s'est lancé, il n'a pas pu briser la défense.

Bez ohľadu na to, ako Buck útočil, nedokázal prelomiť obranu.

Il devint de plus en plus furieux, se précipitant avec des explosions de puissance sauvages.

Zúril čoraz viac a vrhal sa doň s divokými výbuchmi sily.

À maintes reprises, Buck frappait la gorge blanche du Spitz.

Buck znova a znova udieral Spitzovi po jeho bielom hrdle.

À chaque fois, Spitz esquivait et riposta avec une morsure tranchante.

Spitz sa zakaždým vyhol a udrel späť sekavým uhryznutím.

Buck changea alors de tactique, se précipitant à nouveau comme pour atteindre la gorge.

Potom Buck zmenil taktiku a opäť sa vrhol, akoby mu šiel po krku.

Mais il s'est retiré au milieu de l'attaque, se tournant pour frapper sur le côté.

Ale v polovici útoku sa stiahol a otočil sa, aby udrel zboku.

Il a lancé son épaule sur Spitz, dans le but de le faire tomber.

Hodil rameno do Spitza s cieľom zraziť ho k zemi.

À chaque fois qu'il essayait, Spitz esquivait et ripostait avec une frappe.

Zakaždým, keď sa o to pokúsil, Spitz sa uhol a kontroval seknutím.

L'épaule de Buck était à vif alors que Spitz s'écartait après chaque coup.

Bucka bolelo rameno, keď Spitz po každom údere odskočil.

Spitz n'avait pas été touché, tandis que Buck saignait de nombreuses blessures.

Spitza sa nikto nedotkol, zatiaľ čo Buck krvácal z mnohých rán.

La respiration de Buck était rapide et lourde, son corps était couvert de sang.

Buck dychal rýchlo a ťažko, telo mal klzké od krvi.

Le combat devenait plus brutal à chaque morsure et à chaque charge.

Boj sa s každým uhryznutím a útokom stával brutálnejším.

Autour d'eux, soixante chiens silencieux attendaient le premier à tomber.

Okolo nich čakalo šesťdesiat tichých psov, kým padnú prví.

Si un chien tombait, la meute allait mettre fin au combat.

Ak by jeden pes spadol, svorka by dokončila boj.

Spitz vit Buck faiblir et commença à attaquer.

Spitz videl, ako Buck slabne, a začal tlačiť do útoku.

Il a maintenu Buck en déséquilibre, le forçant à lutter pour garder pied.

Zrazil Bucka na zem a prinútil ho bojovať o pevnú pôdu pod nohami.

Un jour, Buck trébucha et tomba, et tous les chiens se relevèrent.

Raz sa Buck potkol a spadol a všetky psy vstali.

Mais Buck s'est redressé au milieu de sa chute, et tout le monde s'est affalé.

Ale Buck sa v polovici pádu narovnal a všetci klesli späť na zem.

Buck avait quelque chose de rare : une imagination née d'un instinct profond.

Buck mal niečo vzácne – predstavivosť zrodenú z hlbokého inštinktu.

Il combattait par instinct naturel, mais aussi par ruse.

Bojoval s prirodzeným zápalom, ale bojoval aj s prefíkanosťou.

Il chargea à nouveau comme s'il répétait son tour d'attaque à l'épaule.

Znova zaútočil, akoby opakoval svoj trik s útokom ramenom.

Mais à la dernière seconde, il s'est laissé tomber et a balayé Spitz.

Ale v poslednej sekunde sa zniesol nízko a prehnal sa popod Spitza.

Ses dents se sont bloquées sur la patte avant gauche de Spitz avec un claquement.

Jeho zuby s cvaknutím zahryzli do Spitzovej prednej ľavej nohy.

Spitz était maintenant instable, son poids reposant sur seulement trois pattes.

Spitz teraz stál neisto, opieral sa iba o tri nohy.

Buck frappa à nouveau, essaya trois fois de le faire tomber.

Buck udrel znova a trikrát sa ho pokúsil zraziť k zemi.

À la quatrième tentative, il a utilisé le même mouvement avec succès.

Na štvrtý pokus úspešne použil rovnaký pohyb.

Cette fois, Buck a réussi à mordre la jambe droite du Spitz.

Tentoraz sa Buckovi podarilo uhryznúť Spitzovi pravú nohu.

Spitz, bien que paralysé et souffrant, continuait à lutter pour survivre.

Spitz, hoci bol zmrzačený a v agónii, stále bojoval o prežitie.

Il vit le cercle de huskies se resserrer, la langue tirée, les yeux brillants.

Videl, ako sa kruh huskyov zužuje, vyplazené jazyky a žiariace oči.

Ils attendaient de le dévorer, comme ils l'avaient fait pour les autres.

Čakali, kým ho zožerú, rovnako ako to urobili s ostatnými.

Cette fois, il se tenait au centre, vaincu et condamné.

Tentoraz stál v strede; porazený a odsúdený na zánik.

Le chien blanc n'avait désormais plus aucune possibilité de s'échapper.

Biely pes teraz nemal inú možnosť utiecť.

Buck n'a montré aucune pitié, car la pitié n'avait pas sa place dans la nature.

Buck neprejavil žiadne zľutovanie, pretože zľutovanie do divočiny nepatrilo.

Buck se déplaçait prudemment, se préparant à la charge finale.

Buck sa pohyboval opatrne a pripravoval sa na záverečný útok.

Le cercle des huskies se referma ; il sentit leur souffle chaud.

Kruh huskyov sa zúžil; cítil ich teplý dych.

Ils s'accroupirent, prêts à bondir lorsque le moment viendrait.

Prikrčili sa, pripravení skočiť, keď príde tá chvíľa.

Spitz tremblait dans la neige, grognant et changeant de position.

Spitz sa triasol v snehu, vrčal a menil postoj.

Ses yeux brillaient, ses lèvres se courbaient, ses dents brillaient dans une menace désespérée.

Jeho oči žiarili, pery boli skrútené a zuby sa blýskali zúfalou hrozbou.

Il tituba, essayant toujours de résister à la morsure froide de la mort.

Potácal sa a stále sa snažil odolať chladnému uhryznutiu smrti.

Il avait déjà vu cela auparavant, mais toujours du côté des gagnants.

Už to videl predtým, ale vždy z víťaznej strany.

Il était désormais du côté des perdants, des vaincus, de la proie, de la mort.

Teraz bol na strane porazených; porazených; koristi; smrti.

Buck tourna en rond pour porter le coup final, le cercle de chiens se rapprochant.

Buck krúžil pre posledný úder, kruh psov sa pritlačil bližšie.

Il pouvait sentir leur souffle chaud, prêt à tuer.

Cítil ich horúce dychy; pripravení zabiť.

Un silence s'installa ; tout était à sa place ; le temps s'était arrêté.

Nastalo ticho; všetko bolo na svojom mieste; čas sa zastavil.

Même l'air froid entre eux se figea un dernier instant.

Dokonca aj studený vzduch medzi nimi na poslednú chvíľu zamrzol.

Seul Spitz bougea, essayant de retenir sa fin amère.

Iba Spitz sa pohol a snažil sa oddialiť svoj trpký koniec.

Le cercle des chiens se refermait autour de lui, comme l'était son destin.

Kruh psov sa okolo neho zužoval, rovnako ako jeho osud.

Il était désespéré maintenant, sachant ce qui allait se passer.

Teraz bol zúfalý, vedel, čo sa stane.

Buck bondit, épaule contre épaule une dernière fois.

Buck vskočil a naposledy sa stretol s plecami.

Les chiens se sont précipités en avant, couvrant Spitz dans l'obscurité neigeuse.

Psy sa vrhli dopredu a prikryli Spitza v zasneženej tme.

Buck regardait, debout, le vainqueur dans un monde sauvage.

Buck sledoval, stojac vzpriamene; víťaz v divokom svete.

La bête primordiale dominante avait fait sa proie, et c'était bien.

Dominantná prvotná beštia dosiahla svoju korisť a bolo to dobré.

Celui qui a gagné la maîtrise
Ten, kto dosiahol majstrovstvo

« Hein ? Qu'est-ce que j'ai dit ? Je dis vrai quand je dis que Buck est un démon. »

„Eh? Čo som povedal? Hovorím pravdu, keď hovorím, že Buck je diabol."

François a dit cela le lendemain matin après avoir constaté la disparition de Spitz.

François to povedal nasledujúce ráno po tom, čo našiel Spitza nezvestného.

Buck se tenait là, couvert de blessures dues au combat acharné.

Buck tam stál, pokrytý ranami z prudkého boja.

François tira Buck près du feu et lui montra les blessures.

François pritiahol Bucka k ohňu a ukázal na zranenia.

« Ce Spitz s'est battu comme le Devik », dit Perrault en observant les profondes entailles.

„Ten Spitz bojoval ako Devik," povedal Perrault a pozrel sa na hlboké rany.

« Et ce Buck s'est battu comme deux diables », répondit aussitôt François.

„A ten Buck sa bil ako dvaja diabli," odpovedal François hneď.

« Maintenant, nous allons faire du bon temps ; plus de Spitz, plus de problèmes. »

„Teraz to zvládneme dobre; žiadny ďalší Spitz, žiadne ďalšie problémy."

Perrault préparait le matériel et chargeait le traîneau avec soin.

Perrault balil výstroj a opatrne nakladal sane.

François a attelé les chiens en prévision de la course du jour.

François zapútal psy a pripravil ich na denný beh.

Buck a trotté directement vers la position de tête autrefois détenue par Spitz.

Buck klusal rovno na vedúcu pozíciu, ktorú predtým držal Spitz.

Mais François, sans s'en apercevoir, conduisit Solleks vers l'avant.

Ale François si to nevšimol a viedol Solleksa dopredu.

Aux yeux de François, Solleks était désormais le meilleur chien de tête.

Podľa Françoisovho úsudku bol Solleks teraz najlepším vodiacim psom.

Buck se jeta sur Solleks avec fureur et le repoussa en signe de protestation.

Buck sa zúrivo vrhol na Solleksa a na protest ho zatlačil dozadu.

Il se tenait là où Spitz s'était autrefois tenu, revendiquant la position de leader.

Stál tam, kde kedysi stál Spitz, a nárokoval si vedúcu pozíciu.

« Hein ? Hein ? » s'écria François en se frappant les cuisses d'un air amusé.

„Čože? Čože?" zvolal François a pobavene sa pleskol po stehnách.

« Regardez Buck, il a tué Spitz, et maintenant il veut prendre le poste ! »

„Pozri sa na Bucka – zabil Spitza a teraz chce prevziať aj jeho prácu!"

« Va-t'en, Chook ! » cria-t-il, essayant de chasser Buck.

„Choď preč, Chook!" zakričal a snažil sa odohnať Bucka.

Mais Buck refusa de bouger et resta ferme dans la neige.

Ale Buck sa odmietol pohnúť a pevne stál v snehu.

François attrapa Buck par la peau du cou et le tira sur le côté.

François chytil Bucka za zátylok a odtiahol ho nabok.

Buck grogna bas et menaçant mais n'attaqua pas.

Buck zavrčal potichu a hrozivo, ale nezaútočil.

François a remis Solleks en tête, tentant de régler le différend

François dostal Solleks späť do vedenia a snažil sa urovnať spor.

Le vieux chien avait peur de Buck et ne voulait pas rester.

Starý pes prejavoval strach z Bucka a nechcel zostať.

Quand François lui tourna le dos, Buck chassa à nouveau Solleks.

Keď sa François otočil chrbtom, Buck Solleksa opäť vyhnal.

Solleks n'a pas résisté et s'est discrètement écarté une fois de plus.

Solleks sa nebránil a opäť potichu odstúpil nabok.

François s'est mis en colère et a crié : « Par Dieu, je te répare ! »

François sa nahneval a zakričal: „Preboha, ja ťa vyriešim!"

Il s'approcha de Buck en tenant une lourde massue à la main.

Prišiel k Buckovi a v ruke držal ťažký kyj.

Buck se souvenait bien de l'homme au pull rouge.

Buck si dobre pamätal muža v červenom svetri.

Il recula lentement, observant François, mais grognant profondément.

Pomaly ustupoval, sledoval Françoisa, no hlboko vrčal.

Il ne s'est pas précipité en arrière, même lorsque Solleks s'est levé à sa place.

Neponáhľal sa späť, ani keď Solleks stál na jeho mieste.

Buck tourna en rond juste hors de portée, grognant de fureur et de protestation.

Buck krúžil tesne za ich dosahom, vrčal od zúrivosti a protestu.

Il gardait les yeux fixés sur le gourdin, prêt à esquiver si François lançait.

Neprestával hľadieť na palicu, pripravený uhnúť, ak by François hodil.

Il était devenu sage et prudent quant aux manières des hommes armés.

Stal sa múdrym a opatrným, čo sa týka spôsobov mužov so zbraňami.

François abandonna et rappela Buck à son ancienne place.

François to vzdal a znova zavolal Bucka na svoje predchádzajúce miesto.

Mais Buck recula prudemment, refusant d'obéir à l'ordre.

Buck však opatrne ustúpil a odmietol poslúchnuť rozkaz.

François le suivit, mais Buck ne recula que de quelques pas supplémentaires.

François ho nasledoval, ale Buck ustúpil len o pár krokov.

Après un certain temps, François jeta l'arme par frustration.

Po nejakom čase François v frustrácii odhodil zbraň.

Il pensait que Buck craignait d'être battu et qu'il allait venir tranquillement.

Myslel si, že Buck sa bojí bitky a príde potichu.

Mais Buck n'évitait pas la punition : il se battait pour son rang.

Buck sa však trestu nevyhýbal – bojoval o hodnosť.

Il avait gagné la place de chien de tête grâce à un combat à mort.

Miesto vodiaceho psa si vyslúžil bojom na smrť.

il n'allait pas se contenter de moins que d'être le leader.

Neuspokojil sa s ničím menším, než byť vodcom.

Perrault a participé à la poursuite pour aider à attraper le Buck rebelle.

Perrault sa zapojil do naháňačky, aby pomohol chytiť vzpurného Bucka.

Ensemble, ils l'ont fait courir dans le camp pendant près d'une heure.

Spoločne ho takmer hodinu vozili po tábore.

Ils lui lancèrent des coups de massue, mais Buck les esquiva habilement.

Hádzali po ňom palice, ale Buck sa každej z nich šikovne vyhol.

Ils l'ont maudit, lui, ses ancêtres, ses descendants et chaque cheveu de sa personne.

Prekliali jeho, jeho predkov, jeho potomkov a každý vlas na ňom.

Mais Buck se contenta de gronder en retour et resta hors de leur portée.

Ale Buck iba zavrčal a zostal tesne mimo ich dosahu.

Il n'a jamais essayé de s'enfuir mais a délibérément tourné autour du camp.

Nikdy sa nepokúsil utiecť, ale zámerne krúžil okolo tábora.

Il a clairement fait savoir qu'il obéirait une fois qu'ils lui auraient donné ce qu'il voulait.

Dal jasne najavo, že ich poslúchne, hneď ako mu dajú, čo chce.

François s'est finalement assis et s'est gratté la tête avec frustration.

François si nakoniec sadol a frustrovane sa poškrabal na hlave.

Perrault consulta sa montre, jura et marmonna à propos du temps perdu.

Perrault pozrel na hodinky, zanadával a mrmlal o stratenom čase.

Une heure s'était déjà écoulée alors qu'ils auraient dû être sur la piste.

Už uplynula hodina, keď mali byť na chodníku.

François haussa les épaules d'un air penaud en direction du coursier, qui soupira de défaite.

François hanblivo pokrčil plecami na kuriéra, ktorý si porazene vzdychol.

François se dirigea alors vers Solleks et appela Buck une fois de plus.

Potom François prešiel k Solleksovi a ešte raz zavolal na Bucka.

Buck rit comme rit un chien, mais garda une distance prudente.

Buck sa zasmial ako pes, ale držal si opatrný odstup.

François retira le harnais de Solleks et le remit à sa place.

François odstránil Solleksovi postroj a vrátil ho na jeho miesto.

L'équipe de traîneau était entièrement harnachée, avec seulement une place libre.

Záprahový tím stál plne zapriahnutý, pričom len jedno miesto bolo voľné.

La position de tête est restée vide, clairement destinée à Buck seul.

Vedúca pozícia zostala prázdna, jednoznačne určená len pre Bucka.

François appela à nouveau, et à nouveau Buck rit et tint bon.

François zavolal znova a Buck sa opäť zasmial a stál na svojom.

« Jetez le gourdin», ordonna Perrault sans hésitation.

„Zhoďte palicu,“ prikázal Perrault bez váhania.

François obéit et Buck trotta immédiatement en avant, fièrement.

François poslúchol a Buck okamžite hrdo vyklusal vpred.

Il rit triomphalement et prit la tête.

Víťazosmiešne sa zasmial a zaujal vedúcu pozíciu.

François a sécurisé ses traces et le traîneau a été détaché.

François si zaistil stopy a sane sa uvoľnili.

Les deux hommes couraient côte à côte tandis que l'équipe s'engageait sur le sentier de la rivière.

Obaja muži bežali vedľa nich, keď sa tím uháňal po chodníku popri rieke.

François avait une haute opinion des « deux diables » de Buck,

François si Buckových „dvoch diablov“ veľmi vážil.

mais il s'est vite rendu compte qu'il avait en fait sous-estimé le chien.

ale čoskoro si uvedomil, že psa v skutočnosti podcenil.

Buck a rapidement pris le leadership et a fait preuve d'excellence.

Buck sa rýchlo ujal vedenia a podával vynikajúce výkony.

En termes de jugement, de réflexion rapide et d'action, Buck a surpassé Spitz.

V úsudku, rýchlom myslení a rýchlej akcii Buck prekonal Spitza.

François n'avait jamais vu un chien égal à celui que Buck présentait maintenant.

François ešte nikdy nevidel psa, aký teraz predvádzal Buck.

Mais Buck excellait vraiment dans l'art de faire respecter l'ordre et d'imposer le respect.

Buck však skutočne vynikal v presadzovaní poriadku a vzbudzovaní rešpektu.

Dave et Solleks ont accepté le changement sans inquiétude ni protestation.

Dave a Solleks prijali zmenu bez obáv alebo protestov.

Ils se concentraient uniquement sur le travail et tiraient fort sur les rênes.

Sústredili sa len na prácu a tvrdo ťahali za opraty.

Peu leur importait de savoir qui menait, tant que le traîneau continuait d'avancer.

Vôbec im nezáležalo na tom, kto vedie, hlavné bolo, aby sa sane stále hýbali.

Billee, la joyeuse, aurait pu diriger pour autant qu'ils s'en soucient.

Billee, tá veselá, mohla viesť, keby im išlo o všetko.

Ce qui comptait pour eux, c'était la paix et l'ordre dans les rangs.

Záležalo im na pokoji a poriadku v radoch.

Le reste de l'équipe était devenu indiscipliné pendant le déclin de Spitz.

Zvyšok tímu sa počas Spitzovho úpadku stal neposlušným.

Ils furent choqués lorsque Buck les ramena immédiatement à l'ordre.

Boli šokovaní, keď ich Buck okamžite uviedol do poriadku.

Pike avait toujours été paresseux et traînait les pieds derrière Buck.

Pike bol vždy lenivý a vliekol nohy za Buckom.

Mais maintenant, il a été sévèrement discipliné par la nouvelle direction.

Ale teraz ho nové vedenie prísne potrestalo.

Et il a rapidement appris à faire sa part dans l'équipe.

A rýchlo sa naučil presadzovať svoju vôľu v tíme.

À la fin de la journée, Pike avait travaillé plus dur que jamais.

Na konci dňa Pike pracoval tvrdšie ako kedykoľvek predtým.

Cette nuit-là, au camp, Joe, le chien aigri, fut finalement maîtrisé.

Tú noc v tábore bol Joe, kyslý pes, konečne skrotený.

Spitz n'avait pas réussi à le discipliner, mais Buck n'avait pas échoué.

Spitz ho nepotrestal, ale Buck nezlyhal.

Grâce à son poids plus important, Buck a vaincu Joe en quelques secondes.

Buck využil svoju väčšiu váhu a v priebehu niekoľkých sekúnd Joea premohol.

Il a mordu et battu Joe jusqu'à ce qu'il gémisse et cesse de résister.

Hryzol a bil Joea, až kým nezakňučal a neprestal klásť odpor.

Toute l'équipe s'est améliorée à partir de ce moment-là.

Od tej chvíle sa celý tím zlepšil.

Les chiens ont retrouvé leur ancienne unité et leur discipline.

Psy znovu nadobudli svoju starú jednotu a disciplínu.

À Rink Rapids, deux nouveaux huskies indigènes, Teek et Koona, nous ont rejoint.

V Rink Rapids sa pridali dvaja noví pôvodní huskyji, Teek a Koona.

La rapidité avec laquelle Buck les dressa étonna même François.

Buckov rýchly výcvik ohromil dokonca aj Françoisa.

« Il n'y a jamais eu de chien comme ce Buck ! » s'écria-t-il avec stupéfaction.

„Nikdy nebol taký pes ako ten Buck!" zvolal v úžase.

« Non, jamais ! Il vaut mille dollars, bon sang ! »

„Nie, nikdy! Preboha, veď má hodnotu tisíc dolárov!"

« Hein ? Qu'en dis-tu, Perrault ? » demanda-t-il avec fierté.

„Hm? Čo povieš, Perrault?" spýtal sa s hrdosťou.

Perrault hocha la tête en signe d'accord et vérifia ses notes.

Perrault súhlasne prikývol a skontroloval si poznámky.

Nous sommes déjà en avance sur le calendrier et gagnons chaque jour davantage.

Už teraz predbiehame plán a každý deň získavame viac.

Le sentier était dur et lisse, sans neige fraîche.

Chodník bol udupaný a hladký, bez čerstvého snehu.

Le froid était constant, oscillant autour de cinquante degrés en dessous de zéro.

Chlad bol stály, pohyboval sa celou dobu na úrovni päťdesiat stupňov pod nulou.

Les hommes montaient et couraient à tour de rôle pour se réchauffer et gagner du temps.

Muži jazdili a bežali striedavo, aby sa zahriali a našli si čas.

Les chiens couraient vite avec peu d'arrêts, poussant toujours vers l'avant.

Psy bežali rýchlo s niekoľkými zastávkami a stále sa tlačili dopredu.

La rivière Thirty Mile était en grande partie gelée et facile à traverser.

Rieka Tridsaťmíľa bola väčšinou zamrznutá a ľahko sa cez ňu prechádzalo.

Ils sont sortis en un jour, ce qui leur avait pris dix jours pour venir.

Odišli za jeden deň, čo im trvalo desať dní.

Ils ont parcouru une distance de soixante milles du lac Le Barge jusqu'à White Horse.

Prešli šesťdesiat míľ od jazera Le Barge k Bielemu koni.

À travers les lacs Marsh, Tagish et Bennett, ils se déplaçaient incroyablement vite.

Cez jazerá Marsh, Tagish a Bennett sa pohybovali neuveriteľne rýchlo.

L'homme qui courait était tiré derrière le traîneau par une corde.

Bežec ťahal za saňami na lane.

La dernière nuit de la deuxième semaine, ils sont arrivés à destination.

Poslednú noc druhého týždňa dorazili do cieľa.

Ils avaient atteint ensemble le sommet du col White.

Spoločne dosiahli vrchol Bieleho priesmyku.

Ils sont descendus au niveau de la mer avec les lumières de Skaguay en dessous d'eux.

Klesli na hladinu mora so svetlami Skaguay pod sebou.

Il s'agissait d'une course record à travers des kilomètres de nature froide et sauvage.

Bol to rekordný beh cez kilometre studenej divočiny.

Pendant quatorze jours d'affilée, ils ont parcouru en moyenne quarante miles.

Štrnásť dní vkuse najazdili v priemere silných štyridsať míľ.

À Skaguay, Perrault et François transportaient des marchandises à travers la ville.

V Skaguay Perrault a François prepravovali náklad cez mesto.

Ils ont été acclamés et ont reçu de nombreuses boissons de la part d'une foule admirative.

Obdivujúce davy ich povzbudzovali a ponúkali im veľa nápojov.

Les chasseurs de chiens et les ouvriers se sont rassemblés autour du célèbre attelage de chiens.

Lovci psov a pracovníci sa zhromaždili okolo slávneho psieho záprahu.

Puis les hors-la-loi de l'Ouest arrivèrent en ville et subirent une violente défaite.

Potom do mesta prišli západní zločinci a utrpeli krutú porážku.

Les gens ont vite oublié l'équipe et se sont concentrés sur un nouveau drame.

Ľudia čoskoro zabudli na tím a sústredili sa na novú drámu.

Puis sont arrivées les nouvelles commandes qui ont tout changé d'un coup.

Potom prišli nové rozkazy, ktoré všetko naraz zmenili.

François appela Buck à lui et le serra dans ses bras avec une fierté larmoyante.

François zavolal Bucka k sebe a s plačlivou hrdosťou ho objal.

Ce moment fut la dernière fois que Buck revit François.

V tej chvíli Buck naposledy videl Françoisa.

Comme beaucoup d'hommes avant eux, François et Perrault étaient tous deux partis.

Ako mnoho mužov predtým, aj François aj Perrault boli preč.

Un métis écossais a pris en charge Buck et ses coéquipiers de chiens de traîneau.

Škótsky kríženec sa ujal velenia Bucka a jeho kolegov zo záprahových psov.

Avec une douzaine d'autres équipes de chiens, ils sont
retournés par le sentier jusqu'à Dawson.

S tuctom ďalších psích záprahov sa vrátili po chodníku do
Dawsonu.

Ce n'était plus une course rapide, juste un travail pénible
avec une lourde charge chaque jour.

Teraz to nebol žiadny rýchly beh – len ťažká drina s ťažkým
nákladom každý deň.

C'était le train postal qui apportait des nouvelles aux
chercheurs d'or près du pôle.

Toto bol poštový vlak, ktorý prinášal správy lovcom zlata
blízko pólu.

Buck n'aimait pas le travail mais le supportait bien, étant
fier de ses efforts.

Buck túto prácu nemal rád, ale znášal ju dobre a bol na svoju
námahu hrdý.

Comme Dave et Solleks, Buck a fait preuve de dévouement
dans chaque tâche quotidienne.

Rovnako ako Dave a Solleks, aj Buck prejavoval oddanosť
každej každodennej úlohe.

Il s'est assuré que chacun de ses coéquipiers fasse sa part du
travail.

Uistil sa, že každý z jeho spoluhráčov podal spravodlivú
prácu.

La vie sur les sentiers est devenue ennuyeuse, répétée avec
la précision d'une machine.

Život na cestách sa stal nudným, opakujúcim sa s presnosťou
stroja.

Chaque jour était le même, un matin se fondant dans le
suivant.

Každý deň sa cítil rovnako, jedno ráno sa prelínalo s ďalším.

À la même heure, les cuisiniers se levèrent pour allumer des
feux et préparer la nourriture.

V tú istú hodinu vstali kuchári, aby založili oheň a pripravili
jedlo.

Après le petit-déjeuner, certains quittèrent le camp tandis
que d'autres attelèrent les chiens.

Po raňajkách niektorí opustili tábor, zatiaľ čo iní zapriahli psy.

Ils ont pris la route avant que le faible avertissement de l'aube ne touche le ciel.

Vyrazili na chodník skôr, ako sa oblohy dotklo slabé varovanie pred úsvitom.

La nuit, ils s'arrêtaient pour camper, chaque homme ayant une tâche précise.

V noci sa zastavili, aby si postavili tábor, každý muž mal stanovenú povinnosť.

Certains ont monté les tentes, d'autres ont coupé du bois de chauffage et ramassé des branches de pin.

Niektorí postavili stany, iní rúbali drevo na kúrenie a zbierali borovicové konáre.

De l'eau ou de la glace étaient ramenées aux cuisiniers pour le repas du soir.

Na večeru sa kuchárom nosila voda alebo ľad.

Les chiens ont été nourris et c'était le meilleur moment de la journée pour eux.

Psy boli kŕmené a toto bola pre nich najlepšia časť dňa.

Après avoir mangé du poisson, les chiens se sont détendus et se sont allongés près du feu.

Po zjedení rýb si psy oddýchli a leňošili pri ohni.

Il y avait une centaine d'autres chiens dans le convoi avec lesquels se mêler.

V konvoji bolo sto ďalších psov, s ktorými sa dalo stretnúť.

Beaucoup de ces chiens étaient féroces et prompts à se battre sans prévenir.

Mnohé z týchto psov boli divoké a rýchlo sa pustili do boja bez varovania.

Mais après trois victoires, Buck a maîtrisé même les combattants les plus féroces.

Ale po troch víťazstvách Buck zvládol aj tých najzúrivejších bojovníkov.

Maintenant, quand Buck grogna et montra ses dents, ils s'écartèrent.

Keď Buck zavrčal a ukázal zuby, ustúpili nabok.

Mais le plus beau dans tout ça, c'est que Buck aimait s'allonger près du feu de camp vacillant.

Azda najviac zo všetkého Buck miloval ležať pri mihotavom táboráku.

Il s'accroupit, les pattes arrière repliées et les pattes avant tendues vers l'avant.

Drepol si so zastrčenými zadnými nohami a prednými natiahnutými dopredu.

Sa tête était levée tandis qu'il cligna doucement des yeux devant les flammes rougeoyantes.

Zdvihol hlavu a jemne žmurkol na žiariace plamene.

Parfois, il se souvenait de la grande maison du juge Miller à Santa Clara.

Niekedy si spomínal na veľký dom sudcu Millera v Santa Clare.

Il pensait à la piscine en ciment, à Ysabel et au carlin appelé Toots.

Myslel na cementový bazén, na Ysabel a mopsa menom Toots.

Mais le plus souvent, il se souvenait du gourdin de l'homme au pull rouge.

Ale častejšie si spomínal na muža s červenou svetrovou palicou.

Il se souvenait de la mort de Curly et de sa bataille acharnée contre Spitz.

Spomenul si na Kučeravého smrť a jeho prudký boj so Spitzom.

Il se souvenait aussi des bons plats qu'il avait mangés ou dont il rêvait encore.

Spomínal si aj na dobré jedlo, ktoré jedol alebo o ktorom stále sníval.

Buck n'avait pas le mal du pays : la vallée chaude était lointaine et irréelle.

Buckovi sa netúžilo po domove – teplé údolie bolo vzdialené a neskutočné.

Les souvenirs de Californie n'avaient plus vraiment d'influence sur lui.

Spomienky na Kaliforniu ho už nijako nijako nijako
nepriťahovali.

**Plus forts que la mémoire étaient les instincts profondément
ancrés dans sa lignée.**

Silnejšie než pamäť boli inštinkty hlboko v jeho krvnej línii.

**Les habitudes autrefois perdues étaient revenues, ravivées
par le sentier et la nature sauvage.**

Zvyky, ktoré kedysi stratili, sa vrátili, oživené chodníkom a
divočinou.

**Tandis que Buck regardait la lumière du feu, cela devenait
parfois autre chose.**

Keď Buck sledoval svetlo ohňa, občas sa to stalo niečím iným.

**Il vit à la lueur du feu un autre feu, plus vieux et plus
profond que celui-ci.**

V svetle ohňa uvidel iný oheň, starší a hlbší ako ten súčasný.

**À côté de cet autre feu se tenait accroupi un homme qui ne
ressemblait pas au cuisinier métis.**

Vedľa toho druhého ohňa sa krčil muž, na rozdiel od miešanca
kuchára.

**Cette figurine avait des jambes courtes, de longs bras et des
muscles durs et noués.**

Táto postava mala krátke nohy, dlhé ruky a pevné, zauzlené
svaly.

**Ses cheveux étaient longs et emmêlés, tombant en arrière à
partir des yeux.**

Jeho vlasy boli dlhé a zacuchané, padajúce dozadu od očí.

Il émit des sons étranges et regarda l'obscurité avec peur.

Vydával zvláštne zvuky a vystrašene hľadel do tmy.

**Il tenait une massue en pierre basse, fermement serrée dans
sa longue main rugueuse.**

V dlhej drsnej ruke pevne zvieral kamennú palicu nízko.

**L'homme portait peu de vêtements ; juste une peau
carbonisée qui pendait dans son dos.**

Muž mal na sebe málo oblečenia; len spálenú kožu, ktorá mu
visela po chrbte.

**Son corps était couvert de poils épais sur les bras, la poitrine
et les cuisses.**

Jeho telo bolo pokryté hustými chlpmi na rukách, hrudi a stehnách.

Certaines parties des cheveux étaient emmêlées en plaques de fourrure rugueuse.

Niektoré časti vlasov boli zamotané do chumáčov drsnej kožušiny.

Il ne se tenait pas droit mais penché en avant des hanches jusqu'aux genoux.

Nestál rovno, ale predklonil sa od bedier po kolená.

Ses pas étaient élastiques et félins, comme s'il était toujours prêt à bondir.

Jeho kroky boli pružné a mačacie, akoby vždy pripravený skočiť.

Il y avait une vive vigilance, comme s'il vivait dans une peur constante.

Bola v ňom prudká ostražitosť, akoby žil v neustálom strachu.

Cet homme ancien semblait s'attendre au danger, que le danger soit perçu ou non.

Zdá sa, že tento starý muž očakával nebezpečenstvo, či už ho videl alebo nie.

Parfois, l'homme poilu dormait près du feu, la tête entre les jambes.

Chlpatý muž občas spal pri ohni s hlavou schovanou medzi nohami.

Ses coudes reposaient sur ses genoux, ses mains jointes au-dessus de sa tête.

Lakte mal opreté o kolená, ruky zopnuté nad hlavou.

Comme un chien, il utilisait ses bras velus pour se débarrasser de la pluie qui tombait.

Ako pes používal svoje chlpaté ruky, aby zbavil padajúceho dažďa.

Au-delà de la lumière du feu, Buck vit deux charbons jumeaux briller dans l'obscurité.

Za svetlom ohňa Buck uvidel v tme dva uhlíky žeravé.

Toujours deux par deux, ils étaient les yeux des bêtes de proie traquantes.

Vždy dvaja po dvoch, boli očami číhajúcich dravých zvierat.

Il entendit des corps s'écraser à travers les broussailles et des bruits se faire entendre dans la nuit.

Počul telá padajúce cez kríky a zvuky vydávané v noci.

Allongé sur la rive du Yukon, clignant des yeux, Buck rêvait près du feu.

Buck ležal na brehu Yukonu a žmurkal, sníval pri ohni.

Les images et les sons de ce monde sauvage lui faisaient dresser les cheveux sur la tête.

Z pohľadu a zvukov toho divokého sveta mu vstávali vlasy na hlave.

La fourrure s'élevait le long de son dos, de ses épaules et de son cou.

Srsť sa mu ježila po chrbte, ramenách a krku.

Il gémissait doucement ou émettait un grognement sourd au plus profond de sa poitrine.

Jemne kňučal alebo hlboko v hrudi potichu zavrčal.

Alors le cuisinier métis cria : « Hé, toi Buck, réveille-toi ! »

Potom miešanec kuchár zakričal: „Hej, ty Buck, zobuď sa!"

Le monde des rêves a disparu et la vraie vie est revenue aux yeux de Buck.

Svet snov zmizol a Buckovi sa do očí vrátil skutočný život.

Il allait se lever, s'étirer et bâiller, comme s'il venait de se réveiller d'une sieste.

Chcel vstať, natiahnuť sa a zívnuť, akoby sa prebudil zo spánku.

Le voyage était difficile, avec le traîneau postal qui traînait derrière eux.

Cesta bola namáhavá, poštové sane sa ťahali za nimi.

Les lourdes charges et le travail pénible épuisaient les chiens à chaque longue journée.

Ťažké bremená a namáhavá práca vyčerpávali psy každý dlhý deň.

Ils arrivèrent à Dawson maigres, fatigués et ayant besoin de plus d'une semaine de repos.

Do Dawsonu dorazili vychudnutí, unavení a potrebovali viac ako týždeň odpočinku.

Mais seulement deux jours plus tard, ils repartaient sur le Yukon.

Ale len o dva dni neskôr sa opäť vydali na cestu po Yukone.

Ils étaient chargés de lettres supplémentaires destinées au monde extérieur.

Boli naložené ďalšími listami smerujúcimi do vonkajšieho sveta.

Les chiens étaient épuisés et les hommes se plaignaient constamment.

Psy boli vyčerpané a muži sa neustále sťažovali.

La neige tombait tous les jours, ramollissant le sentier et ralentissant les traîneaux.

Sneh padal každý deň, zmäkčoval chodník a spomaľoval sane.

Cela a rendu la traction plus difficile et a entraîné plus de traînée sur les patins.

To spôsobilo tvrdšie ťahanie a väčší odpor bežcov.

Malgré cela, les pilotes étaient justes et se souciaient de leurs équipes.

Napriek tomu boli jazdci féroví a starali sa o svoje tímy.

Chaque nuit, les chiens étaient nourris avant que les hommes ne puissent manger.

Každý večer boli psy kŕmené skôr, ako sa muži pustili do jedla.

Aucun homme ne dormait avant de vérifier les pattes de son propre chien.

Žiaden človek nespal predtým, ako skontroloval nohy vlastného psa.

Cependant, les chiens s'affaiblissaient à mesure que les kilomètres s'écoulaient sur leur corps.

Psy však s ubehnutými kilometrami slabli.

Ils avaient parcouru mille huit cents kilomètres pendant l'hiver.

Cez zimu precestovali osemsto míľ.

Ils ont tiré des traîneaux sur chaque kilomètre de cette distance brutale.

Cez každú míľu tejto brutálnej vzdialenosti ťahali sane.

Même les chiens de traîneau les plus robustes ressentent de la tension après tant de kilomètres.

Aj tie najtvrdšie ťažné psy pociťujú po toľkých kilometroch namáhanie.

Buck a tenu bon, a permis à son équipe de travailler et a maintenu la discipline.

Buck vytrval, udržiaval svoj tím v chode a disciplínu.

Mais Buck était fatigué, tout comme les autres pendant le long voyage.

Ale Buck bol unavený, rovnako ako ostatní na dlhej ceste.

Billee gémissait et pleurait dans son sommeil chaque nuit sans faute.

Billee každú noc bez výčitiek kňučal a plakal v spánku.

Joe devint encore plus amer et Solleks resta froid et distant.

Joe ešte viac zatrpkol a Solleks zostal chladný a odmeraný.

Mais c'est Dave qui a le plus souffert de toute l'équipe.

Ale najhoršie to z celého tímu utrpel Dave.

Quelque chose n'allait pas en lui, même si personne ne savait quoi.

Niečo sa v ňom pokazilo, hoci nikto nevedel čo.

Il est devenu de plus en plus maussade et s'en est pris aux autres avec une colère croissante.

Stal sa mrzutejším a s rastúcim hnevom na ostatných vystreľoval.

Chaque nuit, il se rendait directement à son nid, attendant d'être nourri.

Každú noc išiel rovno do svojho hniezda a čakal na kŕmenie.

Une fois tombé, Dave ne s'est pas relevé avant le matin.

Keď už bol dole, Dave sa nezobral až do rána.

Sur les rênes, des secousses ou des sursauts brusques le faisaient crier de douleur.

Náhle trhnutia alebo trhnutia na opratách ho prinútili vykríknuť od bolesti.

Son chauffeur a recherché la cause du sinistre, mais n'a constaté aucune blessure.

Jeho vodič pátral po príčine, ale nenašiel u neho žiadne zranenie.

Tous les conducteurs ont commencé à regarder Dave et ont discuté de son cas.

Všetci vodiči začali Davea sledovať a diskutovať o jeho prípade.

Ils ont discuté pendant les repas et pendant leur dernière cigarette de la journée.

Rozprávali sa pri jedle a počas poslednej cigarety dňa.

Une nuit, ils ont tenu une réunion et ont amené Dave au feu.

Jednej noci usporiadali stretnutie a priviedli Davea k ohňu.

Ils pressèrent et sondèrent son corps, et il cria souvent.

Tlačili a skúmali jeho telo a on často kričal.

De toute évidence, quelque chose n'allait pas, même si aucun os ne semblait cassé.

Bolo jasné, že niečo nie je v poriadku, hoci sa zdalo, že žiadne kosti nie sú zlomené.

Au moment où ils atteignirent Cassiar Bar, Dave était en train de tomber.

Keď dorazili do Cassiar Baru, Dave už padal.

Le métis écossais a appelé à la fin et a retiré Dave de l'équipe.

Škótsky kríženec zastavil tím a vylúčil Davea z tímu.

Il a attaché Solleks à la place de Dave, le plus près de l'avant du traîneau.

Pripevnil Solleky na Daveovo miesto, najbližšie k prednej časti saní.

Il avait l'intention de laisser Dave se reposer et courir librement derrière le traîneau en mouvement.

Chcel nechať Davea odpočívať a voľne behať za pohybujúcimi sa saňami.

Mais même malade, Dave détestait être privé du travail qu'il avait occupé.

Ale aj keď bol chorý, Dave neznášal, keď ho vzali z práce, ktorú predtým vykonával.

Il grogna et gémit tandis que les rênes étaient retirées de son corps.

Zavrčal a zakňučal, keď mu z tela sťahovali opraty.

Quand il vit Solleks à sa place, il pleura de douleur.

Keď uvidel Solleksa na svojom mieste, plakal od zlomeného srdca.

La fierté du travail sur les sentiers était profonde chez Dave, même à l'approche de la mort.

Hrdosť na prácu na túrach bola v Daveovi hlboko cítiť, aj keď sa blížila smrť.

Alors que le traîneau se déplaçait, Dave pataugeait dans la neige molle près du sentier.

Ako sa sane pohli, Dave sa motal v mäkkom snehu blízko chodníka.

Il a attaqué Solleks, le mordant et le poussant du côté du traîneau.

Zaútočil na Solleka, hrýzol ho a strkal z boku saní.

Dave a essayé de sauter dans le harnais et de récupérer sa place de travail.

Dave sa pokúsil skočiť do postroja a získať späť svoje pracovné miesto.

Il hurlait, gémissait et pleurait, déchiré entre la douleur et la fierté du travail.

Jačal, kňučal a plakal, rozpoltený medzi bolesťou a hrdosťou na prácu.

Le métis a utilisé son fouet pour essayer de chasser Dave de l'équipe.

Kríženec sa bičom pokúsil odohnať Davea od tímu.

Mais Dave ignora le coup de fouet, et l'homme ne put pas le frapper plus fort.

Ale Dave ignoroval úder bičom a muž ho nemohol udrieť silnejšie.

Dave a refusé le chemin le plus facile derrière le traîneau, où la neige était tassée.

Dave odmietol ľahšiu cestu za saňami, kde bol udupaný sneh.

Au lieu de cela, il se débattait dans la neige profonde à côté du sentier, dans la misère.

Namiesto toho sa v hlbokom snehu popri chodníku trápil a bojoval.

Finalement, Dave s'est effondré, allongé dans la neige et hurlant de douleur.

Nakoniec sa Dave zrútil, ležal v snehu a zavýjal od bolesti.

Il cria tandis que le long train de traîneaux le dépassait un par un.

Vykríkol, keď ho dlhý zástup saní míňal jeden po druhom.

Pourtant, avec ce qu'il lui restait de force, il se leva et trébucha après eux.

Napriek tomu, s trochou síl, ktoré mu ešte zostali, vstal a potácal sa za nimi.

Il l'a rattrapé lorsque le train s'est arrêté à nouveau et a retrouvé son vieux traîneau.

Keď vlak znova zastavil, dobehol ho a našiel svoje staré sane.

Il a dépassé les autres équipes et s'est retrouvé à nouveau aux côtés de Solleks.

Prešmykol sa okolo ostatných tímov a znova sa postavil vedľa Solleksa.

Alors que le conducteur s'arrêtait pour allumer sa pipe, Dave saisit sa dernière chance.

Keď sa vodič zastavil, aby si zapálil fajku, Dave využil poslednú šancu.

Lorsque le chauffeur est revenu et a crié, l'équipe n'a pas avancé.

Keď sa vodič vrátil a zakričal, tím sa nepohol vpred.

Les chiens avaient tourné la tête, déconcertés par l'arrêt soudain.

Psy otočili hlavy, zmätené náhlym zastavením.

Le conducteur était également choqué : le traîneau n'avait pas avancé d'un pouce.

Aj vodič bol šokovaný – sane sa nepohli ani o centimeter dopredu.

Il a appelé les autres pour qu'ils viennent voir ce qui s'était passé.

Zavolal na ostatných, aby prišli a pozreli sa, čo sa stalo.

Dave avait mâché les rênes de Solleks, les brisant toutes les deux.

Dave prehrýzol Solleksove opraty a obe mu zlomil.

Il se tenait maintenant devant le traîneau, de retour à sa position légitime.

Teraz stál pred saňami, späť na svojom správnom mieste.

Dave leva les yeux vers le conducteur, le suppliant silencieusement de rester dans les traces.

Dave zdvihol zrak na vodiča a v duchu ho prosil, aby zostal v koľajniciach.

Le conducteur était perplexe, ne sachant pas quoi faire pour le chien en difficulté.

Vodič bol zmätený a nevedel, čo má robiť so trápiacim sa psom.

Les autres hommes parlaient de chiens qui étaient morts après avoir été emmenés dehors.

Ostatní muži hovorili o psoch, ktoré uhynuli pri odchode von.

Ils ont parlé de chiens âgés ou blessés dont le cœur se brisait lorsqu'ils étaient abandonnés.

Rozprávali o starých alebo zranených psoch, ktorým sa zlomilo srdce, keď ich nechali pozadu.

Ils ont convenu que c'était une preuve de miséricorde de laisser Dave mourir alors qu'il était encore dans son harnais.

Zhodli sa, že je milosrdenstvom nechať Davea zomrieť ešte v postroji.

Il était attaché au traîneau et Dave tirait avec fierté.

Bol pripútaný späť k saniam a Dave ich hrdo ťahal.

Même s'il criait parfois, il travaillait comme si la douleur pouvait être ignorée.

Hoci občas kričal, pracoval, akoby bolesť mohol ignorovať.

Plus d'une fois, il est tombé et a été traîné avant de se relever.

Viackrát spadol a bol ťahaný, kým sa znova postavil.

Un jour, le traîneau l'a écrasé et il a boité à partir de ce moment-là.

Raz sa cez neho prevrátili sane a od tej chvíle krível.

Il travailla néanmoins jusqu'à ce qu'il atteigne le camp, puis s'allongea près du feu.

Napriek tomu pracoval, kým nedorazil do tábora, a potom si ľahol k ohňu.

Le matin, Dave était trop faible pour voyager ou même se tenir debout.

Ráno bol Dave príliš slabý na to, aby cestoval alebo dokonca stáť vzpriamene.

Au moment de l'attelage, il essaya d'atteindre son conducteur avec un effort tremblant.

Keď bol čas zapnúť sa, s trasúcou sa námahou sa snažil dostať k svojmu vodičovi.

Il se força à se relever, tituba et s'effondra sur le sol enneigé.

Prinútil sa postaviť, zatackal sa a zrútil sa na zasneženú zem.

À l'aide de ses pattes avant, il a traîné son corps vers la zone de harnais.

Prednými nohami ťahal svoje telo smerom k postroju.

Il s'avança, pouce par pouce, vers les chiens de travail.

Ťahal sa dopredu, centimeter za centimetrom, smerom k pracovným psom.

Ses forces l'abandonnèrent, mais il continua d'avancer dans sa dernière poussée désespérée.

Sila ho opustila, ale v poslednom zúfalom úsilí sa neustál.

Ses coéquipiers l'ont vu haleter dans la neige, impatients de les rejoindre.

Jeho spoluhráči ho videli lapať po dychu v snehu a stále túžiť sa k nim pridať.

Ils l'entendirent hurler de tristesse alors qu'ils quittaient le camp.

Keď opúšťali tábor, počuli ho zavýjať od zármutku.

Alors que l'équipe disparaissait dans les arbres, le cri de Dave résonna derrière eux.

Keď tím zmizol v stromoch, Daveov krik sa ozýval za nimi.

Le train de traîneaux s'est brièvement arrêté après avoir traversé un tronçon de forêt fluviale.

Vlak so saňami sa krátko zastavil po prejdení cez úsek riečneho lesa.

Le métis écossais retourna lentement vers le camp situé derrière lui.

Škótsky kríženec sa pomaly vracal späť k táboru za nimi.

Les hommes ont arrêté de parler quand ils l'ont vu quitter le train de traîneaux.

Muži prestali hovoriť, keď ho videli vystupovať zo saní.

Puis un coup de feu retentit clairement et distinctement de l'autre côté du sentier.

Potom sa cez chodník jasne a ostro ozval jediný výstrel.

L'homme revint rapidement et reprit sa place sans un mot.

Muž sa rýchlo vrátil a bez slova zaujal svoje miesto.

Les fouets claquaient, les cloches tintaient et les traîneaux roulaient dans la neige.

Biče praskali, zvončeky cinkali a sane sa kotúľali ďalej snehom.

Mais Buck savait ce qui s'était passé, et tous les autres chiens aussi.

Ale Buck vedel, čo sa stalo – a rovnako aj každý iný pes.

Le travail des rênes et du sentier
Drma opratí a chodníka

Trente jours après avoir quitté Dawson, le Salt Water Mail atteignit Skaguay.

Tridsať dní po odchode z Dawsonu dorazila loď Salt Water Mail do Skaguay.

Buck et ses coéquipiers ont pris la tête, arrivant dans un état pitoyable.

Buck a jeho spoluhráči sa ujali vedenia a dorazili v žalostnom stave.

Buck était passé de cent quarante à cent quinze livres.

Buck schudol zo stoštyridsiatich na sto pätnásť kíl.

Les autres chiens, bien que plus petits, avaient perdu encore plus de poids.

Ostatné psy, hoci boli menšie, stratili ešte viac telesnej hmotnosti.

Pike, autrefois un faux boiteux, traînait désormais derrière lui une jambe véritablement blessée.

Pike, kedysi falošný krívajúci, teraz za sebou ťahal skutočne zranenú nohu.

Solleks boitait beaucoup et Dub avait une omoplate déchirée.

Solleks silno kríval a Dub mal vykĺbenú lopatku.

Tous les chiens de l'équipe avaient mal aux pieds après des semaines passées sur le sentier gelé.

Každý pes v tíme mal boľavé nohy z týždňov strávených na zamrznutej ceste.

Ils n'avaient plus aucun ressort dans leurs pas, seulement un mouvement lent et traînant.

V ich krokoch už nezostala žiadna pružnosť, len pomalý, vlečný pohyb.

Leurs pieds heurtent durement le sentier, chaque pas ajoutant plus de tension à leur corps.

Ich nohy tvrdo dopadali na chodník a každý krok im pridával na telá väčšiu námahu.

Ils n'étaient pas malades, seulement épuisés au-delà de toute guérison naturelle.

Neboli chorí, len vyčerpaní nad rámec akéhokoľvek prirodzeného zotavenia.

Ce n'était pas la fatigue d'une dure journée, guérie par une nuit de repos.

Toto nebola únava z jedného náročného dňa, vyliečená nočným odpočinkom.

C'était un épuisement qui s'était construit lentement au fil de mois d'efforts épuisants.

Bola to vyčerpanosť, ktorá sa pomaly budovala mesiacmi vyčerpávajúcej námahy.

Il ne leur restait plus aucune force de réserve : ils avaient épuisé toutes leurs forces.

Nezostali im žiadne rezervné sily – vyčerpali všetko, čo mali.

Chaque muscle, chaque fibre et chaque cellule de leur corps étaient épuisés et usés.

Každý sval, vlákno a bunka v ich telách boli vyčerpané a opotrebované.

Et il y avait une raison : ils avaient parcouru deux mille cinq cents kilomètres.

A mal na to dôvod – prešli dvetisíctipäťsto míľ.

Ils ne s'étaient reposés que cinq jours au cours des mille huit cents derniers kilomètres.

Počas posledných osemsto míľ odpočívali iba päť dní.

Lorsqu'ils arrivèrent à Skaguay, ils semblaient à peine capables de se tenir debout.

Keď dorazili do Skaguay, vyzerali, že sa ledva dokážu udržať na nohách.

Ils ont lutté pour garder les rênes serrées et rester devant le traîneau.

S ťažkosťami udržali opraty pevne napnuté a udržali sa pred saňami.

Dans les descentes, ils ont tout juste réussi à éviter d'être écrasés.

Na zjazdných svahoch sa im podarilo vyhnúť sa len prejdeniu.

« Continuez, pauvres pieds endoloris », dit le chauffeur tandis qu'ils boitaient.

„Pokračuj, úbohé boľavé nohy," povedal vodič, keď krívali ďalej.

« C'est la dernière ligne droite, après quoi nous aurons tous droit à un long repos, c'est sûr. »

„Toto je posledný úsek, potom si všetci určite dáme dlhší odpočinok."

« Un très long repos », promit-il en les regardant avancer en titubant.

„Jeden naozaj dlhý odpočinok," sľúbil a sledoval, ako sa potácajú vpred.

Les pilotes s'attendaient à bénéficier d'une longue pause bien méritée.

Vodiči očakávali, že teraz dostanú dlhú a potrebnú prestávku.

Ils avaient parcouru douze cents milles avec seulement deux jours de repos.

Precestovali dvanásťsto míľ a mali len dva dni odpočinku.

Par souci d'équité et de raison, ils estimaient avoir mérité un temps de détente.

Spravodlivo a rozumne mali pocit, že si zaslúžili čas na oddych.

Mais trop de gens étaient venus au Klondike et trop peu étaient restés chez eux.

Ale na Klondike ich prišlo priveľa a príliš málo zostalo doma.

Les lettres des familles ont afflué, créant des piles de courrier en retard.

Listy od rodín sa zaplavili a vytvárali kopy oneskorenej pošty.

Les ordres officiels sont arrivés : de nouveaux chiens de la Baie d'Hudson allaient prendre le relais.

Prišli oficiálne rozkazy – nové psy z Hudsonovho zálivu mali prevziať velenie.

Les chiens épuisés, désormais considérés comme sans valeur, devaient être éliminés.

Vyčerpané psy, teraz označované za bezcenné, mali byť zlikvidované.

Comme l'argent comptait plus que les chiens, ils allaient être vendus à bas prix.

Keďže peniaze boli dôležitejšie ako psy, mali sa predávať lacno.

Trois jours supplémentaires passèrent avant que les chiens ne ressentent à quel point ils étaient faibles.

Prešli ďalšie tri dni, kým psy pocítili, aké sú slabé.

Le quatrième matin, deux hommes venus des États-Unis ont acheté toute l'équipe.

Na štvrté ráno kúpili celý tím dvaja muži zo Štátov.

La vente comprenait tous les chiens, ainsi que leur harnais usagé.

Predaj zahŕňal všetkých psov plus ich opotrebovaný postroj.

Les hommes s'appelaient mutuellement « Hal » et « Charles » lorsqu'ils concluaient l'affaire.

Muži sa pri uzatváraní obchodu oslovovali „Hal" a „Charles".

Charles était d'âge moyen, pâle, avec des lèvres molles et des pointes de moustache féroces.

Karol bol v strednom veku, bledý, s ovisnutými perami a ostrými končekmi fúzov.

Hal était un jeune homme, peut-être âgé de dix-neuf ans, portant une ceinture bourrée de cartouches.

Hal bol mladý muž, možno devätnásťročný, s opaskom plným nábojov.

La ceinture contenait un gros revolver et un couteau de chasse, tous deux inutilisés.

Na opasku bol veľký revolver a poľovnícky nôž, oba nepoužité.

Cela a montré à quel point il était inexpérimenté et inapte à la vie dans le Nord.

Ukázalo sa, aký bol neskúsený a neschopný života na severe.

Aucun des deux hommes n'appartenait à la nature sauvage ; leur présence défiait toute raison.

Ani jeden z nich nepatril do divočiny; ich prítomnosť vzdorovala akémukoľvek rozumu.

Buck a regardé l'argent échanger des mains entre l'acheteur et l'agent.

Buck sledoval, ako si kupujúci a agent vymieňajú peniaze.

Il savait que les conducteurs du train postal allaient le quitter comme les autres.

Vedel, že rušňovodiči poštových vlakov opúšťajú aj jeho život ako všetci ostatní.

Ils suivirent Perrault et François, désormais irrévocables.

Nasledovali Perraulta a Françoisa, ktorých si už nikto nepamätal.

Buck et l'équipe ont été conduits dans le camp négligé de leurs nouveaux propriétaires.

Bucka a tím odviedli do zanedbaného tábora ich nových majiteľov.

La tente s'affaissait, la vaisselle était sale et tout était en désordre.

Stan sa prehýbal, riad bol špinavý a všetko ležalo v neporiadku.

Buck remarqua également une femme : Mercedes, la femme de Charles et la sœur de Hal.

Buck si tam všimol aj ženu – Mercedes, Charlesovu manželku a Halovu sestru.

Ils formaient une famille complète, bien que loin d'être adaptée au sentier.

Tvorili kompletnú rodinu, hoci ani zďaleka neboli vhodní na túto túru.

Buck regarda nerveusement le trio commencer à emballer les fournitures.

Buck nervózne sledoval, ako trojica začína baliť zásoby.

Ils ont travaillé dur mais sans ordre, juste du grabuge et des efforts gaspillés.

Pracovali tvrdo, ale bez poriadku – len rozruch a zbytočné úsilie.

La tente a été roulée dans une forme volumineuse, beaucoup trop grande pour le traîneau.

Stan bol zrolovaný do objemného tvaru, príliš veľký na sane.

La vaisselle sale a été emballée sans avoir été nettoyée ni séchée du tout.

Špinavý riad bol zabalený bez toho, aby bol vôbec umytý alebo vysušený.

Mercedes voltigeait, parlant constamment, corrigeant et intervenant.

Mercedes sa potulovala sem a tam, neustále rozprávala, opravovala a miešala sa do všetkého.

Lorsqu'un sac était placé à l'avant, elle insistait pour qu'il soit placé à l'arrière.

Keď jej vreco položili spredu, trvala na tom, aby išlo aj dozadu.

Elle a mis le sac au fond, et l'instant d'après, elle en avait besoin.

Vrece zbalila na spodok a v ďalšej chvíli ho potrebovala.

Le traîneau a donc été déballé à nouveau pour atteindre le sac spécifique.

Takže sane boli opäť vybalené, aby sa dostali k tej jednej konkrétnej taške.

À proximité, trois hommes se tenaient devant une tente, observant la scène se dérouler.

Neďaleko stáli pred stanom traja muži a sledovali, čo sa deje.

Ils souriaient, faisaient des clins d'œil et souriaient à la confusion évidente des nouveaux arrivants.

Usmievali sa, žmurkali a uškrnuli sa nad zjavným zmätkom nováčikov.

« Vous avez déjà une charge très lourde », dit l'un des hommes.

„Už teraz máš poriadne ťažký náklad," povedal jeden z mužov.

« Je ne pense pas que tu devrais porter cette tente, mais c'est ton choix. »

„Myslím si, že by si ten stan nemal niesť, ale je to tvoja voľba."

« Inimaginable ! » s'écria Mercedes en levant les mains de désespoir.

„Nesnívané!" zvolala Mercedes a zúfalo rozhodila rukami.

« Comment pourrais-je voyager sans une tente sous laquelle dormir ? »

„Ako by som mohol cestovať bez stanu, pod ktorým by som mohol spať?"

« C'est le printemps, vous ne verrez plus jamais de froid », répondit l'homme.

„Je jar – už tu neuvidíte chladné počasie," odpovedal muž.

Mais elle secoua la tête et ils continuèrent à empiler des objets sur le traîneau.

Ale pokrútila hlavou a oni ďalej nakladali veci na sane.

La charge s'élevait dangereusement alors qu'ils ajoutaient les dernières choses.

Náklad sa nebezpečne týčil vysoko, keď pridávali posledné veci.

« Tu penses que le traîneau va rouler ? » demanda l'un des hommes avec un regard sceptique.

„Myslíš, že sane pôjdu?" spýtal sa jeden z mužov so skeptickým pohľadom.

« Pourquoi pas ? » rétorqua Charles, vivement agacé.

„Prečo by nemalo?" odsekol Charles s ostrou podráždenosťou.

« Oh, ce n'est pas grave », dit rapidement l'homme, s'éloignant de l'offense.

„Och, to je v poriadku," povedal muž rýchlo a cúvol, aby sa nestal urážlivým.

« Je me demandais juste – ça me semblait un peu trop lourd. »

„Len som sa pýtal – mne sa to zdalo trochu príliš ťažké navrchu."

Charles se détourna et attacha la charge du mieux qu'il put.

Karol sa odvrátil a uviazal náklad, ako najlepšie vedel.

Mais les attaches étaient lâches et l'emballage mal fait dans l'ensemble.

Ale laná boli voľné a celkovo zle zabalené.

« Bien sûr, les chiens tireront ça toute la journée », a dit un autre homme avec sarcasme.

„Jasné, psy to budú ťahať celý deň," povedal sarkasticky ďalší muž.

« Bien sûr », répondit froidement Hal en saisissant le long mât du traîneau.

„Samozrejme," odpovedal Hal chladne a chytil sa dlhej výstužnej tyče saní.

D'une main sur le poteau, il faisait tournoyer le fouet dans l'autre.

S jednou rukou na žrdi sa druhou švihal bičom.

« Allons-y ! » cria-t-il. « Allez ! » exhortant les chiens à démarrer.

„Poďme!" zakričal. „Pohni sa!" nabádal psy, aby sa rozbehli.

Les chiens se sont penchés sur le harnais et ont tendu pendant quelques instants.

Psy sa opreli do postroja a chvíľu sa napínali.

Puis ils s'arrêtèrent, incapables de déplacer d'un pouce le traîneau surchargé.

Potom sa zastavili, nedokázali pohnúť s preťaženými saňami ani o centimeter.

« Ces brutes paresseuses ! » hurla Hal en levant le fouet pour les frapper.

„Tí leniví beštie!" zakričal Hal a zdvihol bič, aby ich udrel.

Mais Mercedes s'est précipitée et a saisi le fouet des mains de Hal.

Ale Mercedes vbehla dnu a vytrhla Halovi bič z rúk.

« Oh, Hal, n'ose pas leur faire de mal », s'écria-t-elle, alarmée.

„Ach, Hal, neopováž sa im ublížiť!" zvolala vystrašene.

« Promets-moi que tu seras gentil avec eux, sinon je n'irai pas plus loin. »

„Sľúb mi, že k nim budeš milý, inak neurobím ani krok."

« Tu ne connais rien aux chiens », lança Hal à sa sœur.

„O psoch nevieš nič," odsekol Hal sestre.

« Ils sont paresseux, et la seule façon de les déplacer est de les fouetter. »

„Sú leniví a jediný spôsob, ako ich pohnúť, je zbičovať ich."

« Demandez à n'importe qui, demandez à l'un de ces hommes là-bas si vous doutez de moi. »

„Spýtaj sa kohokoľvek – spýtaj sa jedného z tých mužov tam, ak o mne pochybuješ."

Mercedes regarda les spectateurs avec des yeux suppliants et pleins de larmes.

Mercedes sa na prizerajúcich pozrela prosebným, uplakaným pohľadom.

Son visage montrait à quel point elle détestait la vue de la douleur.

Jej tvár prezrádzala, ako hlboko nenávidí pohľad na akúkoľvek bolesť.

« Ils sont faibles, c'est tout », dit un homme. « Ils sont épuisés. »

„Sú slabí, to je všetko," povedal jeden muž. „Sú vyčerpaní."

« Ils ont besoin de repos, ils ont travaillé trop longtemps sans pause. »

„Potrebujú si oddýchnuť – boli príliš dlho unavení bez prestávky."

« Que le repos soit maudit », murmura Hal, la lèvre retroussée.

„Zvyšok nech je prekliaty," zamrmlal Hal so zovretými perami.

Mercedes haleta, clairement peinée par ce mot grossier de sa part.

Mercedes zalapala po dychu, zjavne ju jeho hrubé slovo dojalo.

Pourtant, elle est restée loyale et a immédiatement défendu son frère.

Napriek tomu zostala verná a okamžite sa postavila na obranu svojho brata.

« Ne fais pas attention à cet homme », dit-elle à Hal. « Ce sont nos chiens. »

„Nevšímaj si toho muža," povedala Halovi. „Sú to naše psy."

« Vous les conduisez comme bon vous semble, faites ce que vous pensez être juste. »

„Riaďte ich, ako uznáte za vhodné – robte to, čo považujete za správne."

Hal leva le fouet et frappa à nouveau les chiens sans pitié.

Hal zdvihol bič a znova bez milosti udrel psy.

Ils se sont précipités en avant, le corps bas, les pieds poussant dans la neige.

Vrhli sa dopredu, telá nízko, nohy zaborené do snehu.

Toutes leurs forces étaient utilisées pour tirer, mais le traîneau ne bougeait pas.

Všetka ich sila išla do ťahu, ale sane sa nepohli.

Le traîneau est resté coincé, comme une ancre figée dans la neige tassée.

Sane zostali zaseknuté ako kotva zamrznutá v udupanom snehu.

Après un deuxième effort, les chiens s'arrêtèrent à nouveau, haletants.

Po druhom pokuse sa psy opäť zastavili a ťažko dychčali.

Hal leva à nouveau le fouet, juste au moment où Mercedes intervenait à nouveau.

Hal znova zdvihol bič, práve keď Mercedes opäť zasiahla.

Elle tomba à genoux devant Buck et lui serra le cou.

Klekla si pred Bucka na kolená a objala ho okolo krku.

Les larmes lui montèrent aux yeux tandis qu'elle suppliait le chien épuisé.

Slzy sa jej tisli do očí, keď prosila vyčerpaného psa.

« Pauvres chéris », dit-elle, « pourquoi ne tirez-vous pas plus fort ? »

„Vy chúďatká," povedala, „prečo jednoducho neťaháte silnejšie?"

« Si tu tires, tu ne seras pas fouetté comme ça. »

„Ak budeš ťahať, tak ťa takto zbičujú."

Buck n'aimait pas Mercedes, mais il était trop fatigué pour lui résister maintenant.

Buck nemal rád Mercedes, ale bol príliš unavený na to, aby jej teraz odolal.

Il accepta ses larmes comme une simple partie de cette journée misérable.

Prijal jej slzy len ako ďalšiu súčasť biedneho dňa.

L'un des hommes qui regardaient a finalement parlé après avoir retenu sa colère.

Jeden z prizerajúcich sa mužov konečne prehovoril, keď
potlačil hnev.

**« Je me fiche de ce qui vous arrive, mais ces chiens comptent.
»**

„Je mi jedno, čo sa s vami stane, ale na tých psoch záleží."

**« Si vous voulez aider, détachez ce traîneau, il est gelé dans
la neige. »**

„Ak chceš pomôcť, uvoľni tie sane – sú zamrznuté na sneh."

**« Appuyez fort sur la perche, à droite et à gauche, et brisez le
sceau de glace. »**

„Silno zatlač na výstužnú tyč, doprava aj doľava, a prelom
ľadovú ochrannú plombu."

**Une troisième tentative a été faite, cette fois-ci suite à la
suggestion de l'homme.**

Uskutočnil sa tretí pokus, tentoraz na mužov návrh.

**Hal a balancé le traîneau d'un côté à l'autre, libérant les
patins.**

Hal hojdal sane zo strany na stranu a uvoľňoval ich.

**Le traîneau, bien que surchargé et maladroit, a finalement
fait un bond en avant.**

Sane, hoci preťažené a nemotorné, sa nakoniec pohli dopredu.

**Buck et les autres tiraient sauvagement, poussés par une
tempête de coups de fouet.**

Buck a ostatní divoko ťahali, poháňaní spŕškou švihov bičom.

**Une centaine de mètres plus loin, le sentier courbait et
descendait en pente dans la rue.**

Sto metrov pred nimi sa chodník kľukatil a zvažoval do ulice.

**Il aurait fallu un conducteur expérimenté pour maintenir le
traîneau droit.**

Bude potrebné, aby sane udržal vo vzpriamenej polohe, a to
skúseného vodiča.

**Hal n'était pas habile et le traîneau a basculé en tournant
dans le virage.**

Hal nebol zručný a sane sa pri prudkom zatáčaní prevrátili.

**Les sangles lâches ont cédé et la moitié de la charge s'est
répandue sur la neige.**

Uvoľnené laná povoľovali a polovica nákladu sa vysypala na sneh.

Les chiens ne s'arrêtèrent pas ; le traîneau le plus léger volait sur le côté.

Psy sa nezastavili; ľahšie sane leteli na boku.

En colère à cause des mauvais traitements et du lourd fardeau, les chiens couraient plus vite.

Nahnevané zlým zaobchádzaním a ťažkým bremenom psy bežali rýchlejšie.

Buck, furieux, s'est mis à courir, suivi par l'équipe.

Buck sa v rozzúrenosti rozbehol a tím ho nasledoval.

Hal a crié « Whoa ! Whoa ! » mais l'équipe ne lui a pas prêté attention.

Hal zakričal „No teda! No teda!", ale tím si ho nevšímal.

Il a trébuché, est tombé et a été traîné au sol par le harnais.

Potkol sa, spadol a postroj ho ťahal po zemi.

Le traîneau renversé l'a heurté tandis que les chiens couraient devant.

Prevrátené sane ho prevalili, zatiaľ čo psy sa hnali vpred.

Le reste des fournitures est dispersé dans la rue animée de Skaguay.

Zvyšok zásob sa rozptýlil po rušnej ulici v Skaguayi.

Des personnes au grand cœur se sont précipitées pour arrêter les chiens et rassembler le matériel.

Dobrosrdeční ľudia sa ponáhľali zastaviť psy a zhromaždiť výstroj.

Ils ont également donné des conseils, directs et pratiques, aux nouveaux voyageurs.

Tiež dávali novým cestovateľom rady, priame a praktické.

« Si vous voulez atteindre Dawson, prenez la moitié du chargement et doublez les chiens. »

„Ak sa chceš dostať do Dawsonu, vezmi si polovicu nákladu a zdvojnásob psy."

Hal, Charles et Mercedes écoutaient, mais sans enthousiasme.

Hal, Charles a Mercedes počúvali, hoci nie s nadšením.

Ils ont installé leur tente et ont commencé à trier leurs provisions.

Postavili si stan a začali triediť svoje zásoby.

Des conserves sont sorties, ce qui a fait rire les spectateurs.

Vyšli konzervované potraviny, ktoré rozosmiali prizerajúcich sa.

« Des conserves sur le sentier ? Tu vas mourir de faim avant qu'elles ne fondent », a dit l'un d'eux.

„Konzervované veci na ceste? Skôr ako sa roztopia, zomriete od hladu," povedal jeden.

« Des couvertures d'hôtel ? Tu ferais mieux de toutes les jeter. »

„Hotelové deky? Radšej ich všetky vyhodíš."

« Laissez tomber la tente aussi, et personne ne fait la vaisselle ici. »

„Zhoď aj stan a nikto tu neumýva riad."

« Tu crois que tu voyages dans un train Pullman avec des domestiques à bord ? »

„Myslíš si, že ideš pullmanovským vlakom so sluhami na palube?"

Le processus a commencé : chaque objet inutile a été jeté de côté.

Proces sa začal – každá nepotrebná vec bola odhodená nabok.

Mercedes a pleuré lorsque ses sacs ont été vidés sur le sol enneigé.

Mercedes plakala, keď jej tašky vysypali na zasneženú zem.

Elle sanglotait sur chaque objet jeté, un par un, sans pause.

Vzlykala nad každou vyhodenou vecou, jednou po druhej bez prestávky.

Elle jura de ne plus faire un pas de plus, même pas pendant dix Charles.

Prisahala, že neurobí ani krok – ani za desať Charlesov.

Elle a supplié chaque personne à proximité de la laisser garder ses objets précieux.

Prosila každého človeka nablízku, aby jej dovolil nechať si jej vzácne veci.

Finalement, elle s'essuya les yeux et commença à jeter même les vêtements essentiels.

Nakoniec si utrela oči a začala hádzať aj to najdôležitejšie oblečenie.

Une fois les siennes terminées, elle commença à vider les provisions des hommes.

Keď skončila so svojimi, začala vyprázdňovať mužské zásoby.

Comme un tourbillon, elle a déchiré les affaires de Charles et Hal.

Ako víchrica sa prehnala cez veci Charlesa a Hala.

Même si la charge était réduite de moitié, elle était encore bien plus lourde que nécessaire.

Hoci sa náklad znížil na polovicu, stále bol oveľa ťažší, ako bolo potrebné.

Cette nuit-là, Charles et Hal sont sortis et ont acheté six nouveaux chiens.

V tú noc Charles a Hal išli von a kúpili šesť nových psov.

Ces nouveaux chiens ont rejoint les six originaux, plus Teek et Koona.

Tieto nové psy sa pridali k pôvodnej šestke plus Teekovi a Koonovi.

Ensemble, ils formaient une équipe de quatorze chiens attelés au traîneau.

Spolu vytvorili záprah štrnástich psov zapriahnutých do saní.

Mais les nouveaux chiens n'étaient pas aptes et mal entraînés au travail en traîneau.

Ale nové psy boli nespôsobilé a zle vycvičené na prácu so záprahmi.

Trois des chiens étaient des pointeurs à poil court et un était un Terre-Neuve.

Traja psy boli krátkosrsté stavače a jeden bol novofundlanďan.

Les deux derniers chiens étaient des bâtards sans race ni objectif clairement définis.

Posledné dva psy boli bordely bez jasného plemena alebo účelu.

Ils n'ont pas compris le sentier et ne l'ont pas appris rapidement.

Nerozumeli trase a nenaučili sa ju rýchlo.

Buck et ses compagnons les regardaient avec mépris et une profonde irritation.

Buck a jeho kamaráti ich sledovali s pohŕdaním a hlbokým podráždením.

Bien que Buck leur ait appris ce qu'il ne fallait pas faire, il ne pouvait pas leur enseigner le devoir.

Hoci ich Buck naučil, čo nerobiť, nemohol ich naučiť povinnostiam.

Ils n'ont pas bien supporté la vie sur les sentiers ni la traction des rênes et des traîneaux.

Neznášali dobre chôdzu po vlečkách ani ťah opraty a saní.

Seuls les bâtards essayaient de s'adapter, et même eux manquaient d'esprit combatif.

Iba kríženci sa snažili prispôsobiť a aj tým chýbala bojovnosť.

Les autres chiens étaient confus, affaiblis et brisés par leur nouvelle vie.

Ostatné psy boli zmätené, oslabené a zlomené svojím novým životom.

Les nouveaux chiens étant désemparés et les anciens épuisés, l'espoir était mince.

Keďže nové psy nemali rady a staré boli vyčerpané, nádej bola slabá.

L'équipe de Buck avait parcouru deux mille cinq cents kilomètres de sentiers difficiles.

Buckov tím prešiel dvetisíc päťsto míľ náročnej cesty.

Pourtant, les deux hommes étaient joyeux et fiers de leur grande équipe de chiens.

Napriek tomu boli tí dvaja muži veselí a hrdí na svoj veľký psí záprah.

Ils pensaient voyager avec style, avec quatorze chiens attelés.

Mysleli si, že cestujú štýlovo, so štrnástimi zaviazanými psami.

Ils avaient vu des traîneaux partir pour Dawson, et d'autres en arriver.

Videli sane odchádzať do Dawsonu a ďalšie odtiaľ prichádzať.

Mais ils n'en avaient jamais vu un tiré par quatorze chiens.

Ale nikdy nevideli taký, ktorý by ťahalo až štrnásť psov.

Il y avait une raison pour laquelle de telles équipes étaient rares dans la nature sauvage de l'Arctique.

Existoval dôvod, prečo boli takéto tímy v arktickej divočine zriedkavé.

Aucun traîneau ne pouvait transporter suffisamment de nourriture pour nourrir quatorze chiens pendant le voyage.

Žiadne sane by neuniesli dostatok jedla na nakŕmenie štrnástich psov na cestu.

Mais Charles et Hal ne le savaient pas : ils avaient fait le calcul.

Ale Charles a Hal to nevedeli – urobili si výpočty.

Ils ont planifié la nourriture : tant par chien, tant de jours, et c'est fait.

Ceruzkou si rozpísali jedlo: toľko na psa, toľko dní, hotové.

Mercedes regarda leurs chiffres et hocha la tête comme si cela avait du sens.

Mercedes sa pozrela na ich čísla a prikývla, akoby to dávalo zmysel.

Tout cela lui semblait très simple, du moins sur le papier.

Všetko sa jej to zdalo veľmi jednoduché, aspoň na papieri.

Le lendemain matin, Buck conduisit lentement l'équipe dans la rue enneigée.

Nasledujúce ráno Buck pomaly viedol záprah po zasneženej ulici.

Il n'y avait aucune énergie ni aucun esprit en lui ou chez les chiens derrière lui.

V ňom ani v psoch za ním nebola žiadna energia ani duch.

Ils étaient épuisés dès le départ, il n'y avait plus de réserve.

Od začiatku boli smrteľne unavení – nezostala im žiadna rezerva.

Buck avait déjà effectué quatre voyages entre Salt Water et Dawson.

Buck už absolvoval štyri cesty medzi Salt Water a Dawson.

Maintenant, confronté à nouveau à la même épreuve, il ne ressentait que de l'amertume.

Teraz, keď opäť stál pred tou istou cestou, necítil nič iné ako horkosť.

Son cœur n'y était pas, ni celui des autres chiens.

Nebol v tom odhodlaný, ani srdcia ostatných psov.

Les nouveaux chiens étaient timides et les huskies manquaient totalement de confiance.

Nové psy boli plaché a huskym chýbala akákoľvek dôvera.

Buck sentait qu'il ne pouvait pas compter sur ces deux hommes ou sur leur sœur.

Buck cítil, že sa nemôže spoľahnúť na týchto dvoch mužov ani na ich sestru.

Ils ne savaient rien et ne montraient aucun signe d'apprentissage sur le sentier.

Nič nevedeli a na ceste neprejavovali žiadne známky učenia sa.

Ils étaient désorganisés et manquaient de tout sens de la discipline.

Boli neorganizovaní a chýbal im akýkoľvek zmysel pre disciplínu.

Il leur fallait à chaque fois la moitié de la nuit pour monter un campement bâclé.

Zakaždým im trvalo pol noci, kým si postavili nedbalý tábor.

Et ils passèrent la moitié de la matinée suivante à tâtonner à nouveau avec le traîneau.

A pol nasledujúceho rána opäť strávili hraním sa so saňami.

À midi, ils s'arrêtaient souvent juste pour réparer la charge inégale.

Do poludnia sa často zastavovali len preto, aby opravili nerovnomerný náklad.

Certains jours, ils parcouraient moins de dix milles au total.

V niektoré dni prešli celkovo menej ako desať míľ.

D'autres jours, ils ne parvenaient pas du tout à quitter le camp.

Iné dni sa im vôbec nepodarilo opustiť tábor.

Ils n'ont jamais réussi à couvrir la distance alimentaire prévue.

Nikdy sa ani zďaleka nepriblížili k plánovanej vzdialenosti na prepravu jedla.

Comme prévu, ils ont très vite manqué de nourriture pour les chiens.

Ako sa očakávalo, krmivo pre psy im došlo veľmi rýchlo.

Ils ont aggravé la situation en les suralimentant au début.

V prvých dňoch situáciu ešte zhoršili prekrmovaním.

À chaque ration négligée, la famine se rapprochait.

S každou neopatrnou dávkou sa hlad približoval bližšie.

Les nouveaux chiens n'avaient pas appris à survivre avec très peu.

Nové psy sa nenaučili prežiť s veľmi malým množstvom potravy.

Ils mangeaient avec faim, avec un appétit trop grand pour le sentier.

Jedli hladne, s chuťou do jedla príliš veľkou na to, aby zvládli tú cestu.

Voyant les chiens s'affaiblir, Hal pensait que la nourriture n'était pas suffisante.

Keď Hal videl, ako psy slabnú, uveril, že jedlo nestačí.

Il a doublé les rations, rendant l'erreur encore pire.

Zdvojnásobil dávky, čím chybu ešte zhoršil.

Mercedes a aggravé le problème avec ses larmes et ses douces supplications.

Mercedes k problému pridala slzy a tiché prosby.

Comme elle n'arrivait pas à convaincre Hal, elle nourrissait les chiens en secret.

Keď nedokázala presvedčiť Hala, tajne nakŕmila psy.

Elle a volé des sacs de poissons et les leur a donnés dans son dos.

Ukradla z vriec s rybami a dala im to za jeho chrbtom.

Mais ce dont les chiens avaient réellement besoin, ce n'était pas de plus de nourriture, mais de repos.

Ale psy skutočne nepotrebovali viac jedla – bol to odpočinok.

Ils progressaient mal, mais le lourd traîneau continuait à avancer.

Plánovali slabý čas, ale ťažké sane sa stále vliekli.

Ce poids à lui seul épuisait chaque jour leurs forces restantes.

Už len tá váha im každý deň vysávala zostávajúce sily.

Puis vint l'étape de la sous-alimentation, les réserves s'épuisant.

Potom prišla fáza podvýživy, pretože zásoby sa míňali.

Un matin, Hal s'est rendu compte que la moitié de la nourriture pour chien avait déjà disparu.

Hal si jedného rána uvedomil, že polovica psieho krmiva je už preč.

Ils n'avaient parcouru qu'un quart de la distance totale du sentier.

Prešli len štvrtinu celkovej vzdialenosti trasy.

On ne pouvait plus acheter de nourriture, quel que soit le prix proposé.

Už sa nedalo kúpiť žiadne ďalšie jedlo, bez ohľadu na to, akú cenu ponúkali.

Il a réduit les portions des chiens en dessous de la ration quotidienne standard.

Znížil psom porcie pod štandardnú dennú dávku.

Dans le même temps, il a exigé des voyages plus longs pour compenser la perte.

Zároveň požadoval dlhšie cestovanie, aby vynahradil stratu.

Mercedes et Charles ont soutenu ce plan, mais ont échoué dans son exécution.

Mercedes a Charles tento plán podporili, ale zlyhali v jeho realizácii.

Leur lourd traîneau et leur manque de compétences rendaient la progression presque impossible.

Ich ťažké sane a nedostatok zručností takmer znemožňovali pokrok.

Il était facile de donner moins de nourriture, mais impossible de forcer plus d'efforts.

Bolo ľahké dať menej jedla, ale nemožné vynútiť si viac úsilia.

Ils ne pouvaient pas commencer plus tôt, ni voyager pendant des heures supplémentaires.

Nemohli začať skoro, ani nemohli cestovať dlhšie.

Ils ne savaient pas comment travailler les chiens, ni eux-mêmes d'ailleurs.

Nevedeli, ako pracovať so psami, ani so sebou samými.

Le premier chien à mourir était Dub, le voleur malchanceux mais travailleur.

Prvým psom, ktorý zomrel, bol Dub, nešťastný, ale pracovitý zlodej.

Bien que souvent puni, Dub avait fait sa part sans se plaindre.

Hoci Dub bol často trestaný, zvládal svoju úlohu bez sťažností.

Son épaule blessée s'est aggravée sans qu'il soit nécessaire de prendre soin de lui et de se reposer.

Jeho zranené rameno sa bez starostlivosti a potreby odpočinku zhoršovalo.

Finalement, Hal a utilisé le revolver pour mettre fin aux souffrances de Dub.

Nakoniec Hal použil revolver, aby ukončil Dubovo utrpenie.

Un dicton courant dit que les chiens normaux meurent à cause des rations de husky.

Bežné príslovie tvrdilo, že normálne psy umierajú na dávkach pre huskyho.

Les six nouveaux compagnons de Buck n'avaient que la moitié de la part de nourriture du husky.

Buckových šesť nových spoločníkov malo len polovičný podiel jedla pre huskyho.

Le Terre-Neuve est mort en premier, puis les trois braques à poil court.

Najprv uhynul novofundlanďan a potom tri krátkosrsté stavače.

Les deux bâtards résistèrent plus longtemps mais finirent par périr comme les autres.

Dvaja kríženci sa držali dlhšie, ale nakoniec zahynuli ako ostatní.

À cette époque, toutes les commodités et la douceur du Southland avaient disparu.

V tomto čase už všetky vymoženosti a jemnosť Juhu boli preč.

Les trois personnes avaient perdu les dernières traces de leur éducation civilisée.
Tí traja ľudia sa zbavili posledných stôp svojej civilizovanej výchovy.
Dépouillé de glamour et de romantisme, le voyage dans l'Arctique est devenu brutalement réel.
Zbavené pôvabu a romantiky, cestovanie po Arktike sa stalo brutálne skutočným.
C'était une réalité trop dure pour leur sens de la virilité et de la féminité.
Bola to realita príliš drsná pre ich zmysel pre mužnosť a ženstvo.
Mercedes ne pleurait plus pour les chiens, mais maintenant elle pleurait seulement pour elle-même.
Mercedes už neplakala za psami, ale teraz plakala len za seba.
Elle passait son temps à pleurer et à se disputer avec Hal et Charles.
Trávila čas plačom a hádkami s Halom a Charlesom.
Se disputer était la seule chose qu'ils n'étaient jamais trop fatigués de faire.
Hádky boli jediná vec, na ktorú nikdy neboli príliš unavení.
Leur irritabilité provenait de la misère, grandissait avec elle et la surpassait.
Ich podráždenosť pramenila z biedy, rástla s ňou a prekonala ju.
La patience du sentier, connue de ceux qui peinent et souffrent avec bienveillance, n'est jamais venue.
Trpezlivosť na ceste, známa tým, ktorí sa dobrotivo namáhajú a trpia, nikdy neprišla.
Cette patience, qui garde la parole douce malgré la douleur, leur était inconnue.
Tá trpezlivosť, ktorá udržiava reč sladkú aj napriek bolesti, im bola neznáma.
Ils n'avaient aucune trace de patience, aucune force tirée de la souffrance avec grâce.
Nemali ani náznak trpezlivosti, žiadnu silu čerpanú z utrpenia s gráciou.

Ils étaient raides de douleur : leurs muscles, leurs os et leur cœur étaient douloureux.

Boli stuhnutí od bolesti – boleli ich svaly, kosti a srdce.

À cause de cela, ils devinrent acerbes et prompts à prononcer des paroles dures.

Kvôli tomu sa stali ostrými na jazyk a rýchlymi v drsných slovách.

Chaque jour commençait et se terminait par des voix en colère et des plaintes amères.

Každý deň sa začínal a končil nahnevanými hlasmi a trpkými sťažnosťami.

Charles et Hal se disputaient chaque fois que Mercedes leur en donnait l'occasion.

Charles a Hal sa hádali vždy, keď im Mercedes dala šancu.

Chaque homme estimait avoir fait plus que sa juste part du travail.

Každý muž veril, že urobil viac, než mu patrilo.

Aucun des deux n'a jamais manqué une occasion de le dire, encore et encore.

Ani jeden z nich nikdy nepremeškal príležitosť povedať to znova a znova.

Parfois, Mercedes se rangeait du côté de Charles, parfois du côté de Hal.

Niekedy sa Mercedes postavila na stranu Charlesa, niekedy na stranu Hala.

Cela a conduit à une grande et interminable querelle entre les trois.

To viedlo k veľkej a nekonečnej hádke medzi tými tromi.

Une dispute sur la question de savoir qui devait couper le bois de chauffage est devenue incontrôlable.

Spor o to, kto má rúbať palivové drevo, sa vymkol spod kontroly.

Bientôt, les pères, les mères, les cousins et les parents décédés ont été nommés.

Čoskoro boli mená otcov, matiek, bratrancov a sesterníc a zosnulých príbuzných.

Les opinions de Hal sur l'art ou les pièces de son oncle sont devenues partie intégrante du combat.

Súčasťou boja sa stali Halove názory na umenie alebo hry jeho strýka.

Les convictions politiques de Charles sont également entrées dans le débat.

Do debaty sa dostali aj Charlesove politické presvedčenia.

Pour Mercedes, même les ragots de la sœur de son mari semblaient pertinents.

Pre Mercedes sa zdali byť relevantné aj klebety sestry jej manžela.

Elle a exprimé son opinion sur ce sujet et sur de nombreux défauts de la famille de Charles.

Vyjadrila svoje názory na to a na mnohé nedostatky Charlesovej rodiny.

Pendant qu'ils se disputaient, le feu restait éteint et le camp à moitié monté.

Kým sa hádali, oheň zostal nezapálený a tábor napoly vyhorený.

Pendant ce temps, les chiens restaient froids et sans nourriture.

Medzitým psy zostali v chlade a bez jedla.

Mercedes avait un grief qu'elle considérait comme profondément personnel.

Mercedes mala krivdu, ktorú považovala za hlboko osobnú.

Elle se sentait maltraitée en tant que femme, privée de ses doux privilèges.

Cítila sa zle zaobchádzaná ako žena, odopierala svoje privilégiá.

Elle était jolie et douce, et habituée à la chevalerie toute sa vie.

Bola pekná a nežná a celý život zvyknutá na rytierstvo.

Mais son mari et son frère la traitaient désormais avec impatience.

Ale jej manžel a brat sa k nej teraz správali netrpezlivo.

Elle avait pour habitude d'agir comme si elle était impuissante, et ils commencèrent à se plaindre.

Jej zvykom bolo tváriť sa bezmocne a oni sa začali sťažovať.

Offensée par cela, elle leur rendit la vie encore plus difficile.

Urazená tým im ešte viac sťažila život.

Elle a ignoré les chiens et a insisté pour conduire elle-même le traîneau.

Ignorovala psy a trvala na tom, že sa na saniach povozí sama.

Bien que légère en apparence, elle pesait cent vingt livres.

Hoci vyzerala ľahkej, vážila sto dvadsať libier.

Ce fardeau supplémentaire était trop lourd pour les chiens affamés et faibles.

Táto dodatočná záťaž bola pre hladujúcich, slabých psov priveľa.

Elle a continué à monter pendant des jours, jusqu'à ce que les chiens s'effondrent sous les rênes.

Napriek tomu jazdila celé dni, až kým sa psy nerozpadli pod opraty.

Le traîneau s'arrêta et Charles et Hal la supplièrent de marcher.

Sane stáli a Charles s Halom ju prosili, aby išla pešo.

Ils la supplièrent et la supplièrent, mais elle pleura et les traita de cruels.

Prosili a úpenlivo žiadali, ale ona plakala a nazývala ich krutými.

À une occasion, ils l'ont tirée du traîneau avec force et colère.

Raz ju s veľkou silou a hnevom stiahli zo saní.

Ils n'ont plus jamais essayé après ce qui s'est passé cette fois-là.

Po tom, čo sa vtedy stalo, to už nikdy neskúsili.

Elle devint molle comme un enfant gâté et s'assit dans la neige.

Ochabla ako rozmaznané dieťa a sadla si do snehu.

Ils continuèrent leur chemin, mais elle refusa de se lever ou de les suivre.

Pokračovali ďalej, ale ona odmietla vstať alebo ich nasledovať.

Après trois milles, ils s'arrêtèrent, revinrent et la ramenèrent.

Po troch míľach zastavili, vrátili sa a odniesli ju späť.

Ils l'ont rechargée sur le traîneau, en utilisant encore une fois la force brute.

Znovu ju naložili na sane, opäť s použitím hrubej sily.

Dans leur profonde misère, ils étaient insensibles à la souffrance des chiens.

Vo svojej hlbokej biede boli k utrpeniu psov bezcitní.

Hal croyait qu'il fallait s'endurcir et il a imposé cette croyance aux autres.

Hal veril, že človek sa musí otupiť a vnucoval túto vieru ostatným.

Il a d'abord essayé de prêcher sa philosophie à sa sœur

Najprv sa pokúsil kázať svoju filozofiu svojej sestre

et puis, sans succès, il prêcha à son beau-frère.

a potom bez úspechu kázal svojmu švagrovi.

Il a eu plus de succès avec les chiens, mais seulement parce qu'il leur a fait du mal.

So psami mal väčší úspech, ale len preto, že im ubližoval.

Chez Five Fingers, la nourriture pour chiens est complètement épuisée.

V obchode Five Fingers sa krmivo pre psov úplne minulo.

Une vieille squaw édentée a vendu quelques kilos de peau de cheval congelée

Bezzubá stará žena predala niekoľko kíl mrazenej konskej kože

Hal a échangé son revolver contre la peau de cheval séchée.

Hal vymenil svoj revolver za vysušenú konskú kožu.

La viande provenait de chevaux affamés d'éleveurs de bétail des mois auparavant.

Mäso pochádzalo z vyhladovaných koní chovateľov dobytka mesiace predtým.

Gelée, la peau était comme du fer galvanisé ; dure et immangeable.

Zamrznutá koža bola ako pozinkované železo; tvrdá a nejedlá.

Les chiens devaient mâcher la peau sans fin pour la manger.

Psy museli donekonečna hrýzť kožu, aby ju zjedli.

Mais les cordes en cuir et les cheveux courts n'étaient guère une nourriture.

Ale kožovité pramene a krátke vlasy neboli potravou.

La majeure partie de la peau était irritante et ne constituait pas véritablement de la nourriture.

Väčšina kože bola dráždivá a v pravom zmysle slova to nebolo jedlo.

Et pendant tout ce temps, Buck titubait en tête, comme dans un cauchemar.

A počas toho všetkého sa Buck potácal vpredu ako v nočnej mori.

Il tirait quand il le pouvait ; quand il ne le pouvait pas, il restait allongé jusqu'à ce qu'un fouet ou un gourdin le relève.

Ťahal, keď mohol; keď nie, ležal, kým ho bič alebo palica nezodvihli.

Son pelage fin et brillant avait perdu toute sa rigidité et son éclat d'autrefois.

Jeho jemná, lesklá srsť stratila všetku svoju kedysi tuhosť a lesk.

Ses cheveux pendaient, mous, en bataille et coagulés par le sang séché des coups.

Vlasy mu viseli ochabnuté, rozstrapatené a zrazené zaschnutou krvou z úderov.

Ses muscles se sont réduits à l'état de cordes et ses coussinets de chair étaient tous usés.

Jeho svaly sa scvrkli na šnúry a jeho kožné vankúšiky boli všetky zodraté.

Chaque côte, chaque os apparaissait clairement à travers les plis de la peau ridée.

Každé rebro, každá kosť jasne vykúkala cez záhyby zvráskavenej kože.

C'était déchirant, mais le cœur de Buck ne pouvait pas se briser.

Bolo to srdcervúce, no Buckovi sa srdce nemohlo zlomiť.

L'homme au pull rouge avait testé cela et l'avait prouvé il y a longtemps.

Muž v červenom svetri to už dávno vyskúšal a dokázal.

Comme ce fut le cas pour Buck, ce fut le cas pour tous ses coéquipiers restants.

Tak ako to bolo s Buckom, tak to bolo aj so všetkými jeho zostávajúcimi spoluhráčmi.

Il y en avait sept au total, chacun étant un squelette ambulant de misère.

Bolo ich spolu sedem, každý z nich bol chodiacou kostrou nešťastia.

Ils étaient devenus insensibles au fouet, ne ressentant qu'une douleur lointaine.

Znecitlivení boli na bičovanie a cítili len vzdialenú bolesť.

Même la vue et le son leur parvenaient faiblement, comme à travers un épais brouillard.

Dokonca aj zrak a zvuk k nim doliehali slabo, akoby cez hustú hmlu.

Ils n'étaient pas à moitié vivants : c'étaient des os avec de faibles étincelles à l'intérieur.

Neboli napoly živé – boli to kosti s matnými iskrami vo vnútri.

Lorsqu'ils s'arrêtèrent, ils s'effondrèrent comme des cadavres, leurs étincelles presque éteintes.

Keď sa zastavili, zrútili sa ako mŕtvoly, ich iskry takmer vyhasli.

Et lorsque le fouet ou le gourdin frappaient à nouveau, les étincelles voltigeaient faiblement.

A keď bič alebo palica udreli znova, iskry slabo zamihotali.

Puis ils se levèrent, titubèrent en avant et traînèrent leurs membres en avant.

Potom sa zdvihli, potácali sa dopredu a ťahali končatiny dopredu.

Un jour, le gentil Billee tomba et ne put plus se relever du tout.

Jedného dňa milý Billee spadol a už sa vôbec nemohol postaviť.

Hal avait échangé son revolver, alors il a utilisé une hache pour tuer Billee à la place.

Hal si vymenil revolver, a tak Billeeho zabil sekerou.

Il le frappa à la tête, puis lui coupa le corps et le traîna.

Udrel ho do hlavy, potom mu rozrezal telo a odvliekol ho preč.

Buck vit cela, et les autres aussi ; ils savaient que la mort était proche.

Buck to videl a ostatní tiež; vedeli, že smrť je blízko.

Le lendemain, Koona partit, ne laissant que cinq chiens dans l'équipe affamée.

Na druhý deň Koona odišiel a v hladujúcom záprahu zostalo len päť psov.

Joe, qui n'était plus méchant, était trop loin pour se rendre compte de quoi que ce soit.

Joe, už nie zlý, bol príliš ďaleko na to, aby si čokoľvek uvedomoval.

Pike, ne faisant plus semblant d'être blessé, était à peine conscient.

Pike, ktorý už nepredstieral zranenie, bol sotva pri vedomí.

Solleks, toujours fidèle, se lamentait de ne plus avoir de force à donner.

Solleks, stále verný, smútil, že nemá žiadnu silu, ktorú by mohol dať.

Teek a été le plus battu parce qu'il était plus frais, mais qu'il s'estompait rapidement.

Teeka porazili najviac, pretože bol sviežejší, ale rýchlo upadal.

Et Buck, toujours en tête, ne maintenait plus l'ordre ni ne le faisait respecter.

A Buck, stále na čele, už neudržiaval poriadok ani ho nevynucoval.

À moitié aveugle à cause de sa faiblesse, Buck suivit la piste au toucher seul.

Napoly slepý od slabosti, Buck sledoval stopu len hmatom.

C'était un beau temps printanier, mais aucun d'entre eux ne l'a remarqué.

Bolo krásne jarné počasie, ale nikto z nich si to nevšimol.

Chaque jour, le soleil se levait plus tôt et se couchait plus tard qu'avant.

Každý deň slnko vychádzalo skôr a zapadalo neskôr ako predtým.

À trois heures du matin, l'aube était arrivée ; le crépuscule durait jusqu'à neuf heures.

O tretej ráno nastal úsvit; súmrak trval do deviatej.

Les longues journées étaient remplies du plein soleil printanier.

Dlhé dni boli naplnené žiarou jarného slnka.

Le silence fantomatique de l'hiver s'était transformé en un murmure chaleureux.

Strašidelné ticho zimy sa zmenilo na teplý šum.

Toute la terre s'éveillait, animée par la joie des êtres vivants.

Celá krajina sa prebúdzala, ožívala radosťou živých tvorov.

Le bruit provenait de ce qui était resté mort et immobile pendant l'hiver.

Zvuk vychádzal z toho, čo ležalo mŕtve a nehybne počas zimy.

Maintenant, ces choses bougeaient à nouveau, secouant le long sommeil de gel.

Teraz sa tie veci opäť pohli a striasli zo seba dlhý mrazivý spánok.

La sève montait à travers les troncs sombres des pins en attente.

Cez tmavé kmene čakajúcich borovíc stúpala miazga.

Les saules et les trembles font apparaître de jeunes bourgeons brillants sur chaque brindille.

Vŕby a osiky na každej vetvičke vyrašili jasné mladé púčiky.

Les arbustes et les vignes se parent d'un vert frais tandis que les bois prennent vie.

Kry a vinič sa sfarbili do sviežej zelene, keď lesy ožili.

Les grillons chantaient la nuit et les insectes rampaient au soleil.

V noci štebotali cvrčky a na dennom slnku sa hemžili chrobáky.

Les perdrix résonnaient et les pics frappaient profondément dans les arbres.

Jarabice duneli a ďatle klopali hlboko v korunách stromov.

Les écureuils bavardaient, les oiseaux chantaient et les oies klaxonnaient au-dessus des chiens.

Veveričky štebotali, vtáky spievali a husi húkali nad psami.

Les oiseaux sauvages arrivaient en groupes serrés, volant vers le haut depuis le sud.

Divoké vtáctvo sa prilietalo v ostrých klinoch od juhu.

De chaque colline venait la musique des ruisseaux cachés et impétueux.

Z každého svahu sa ozývala hudba skrytých, zurčiacich potokov.

Toutes choses ont dégelé et se sont brisées, se sont pliées et ont repris leur mouvement.

Všetko sa roztopilo, prasklo, ohlo a opäť sa dalo do pohybu.

Le Yukon s'efforçait de briser les chaînes de froid de la glace gelée.

Yukon sa namáhal prelomiť chladné reťaze zamrznutého ľadu.

La glace fondait en dessous, tandis que le soleil la faisait fondre par le dessus.

Ľad sa topil zospodu, zatiaľ čo slnko ho topilo zhora.

Des trous d'aération se sont ouverts, des fissures se sont propagées et des morceaux sont tombés dans la rivière.

Otvorili sa vetracie otvory, rozšírili sa praskliny a kusy padali do rieky.

Au milieu de toute cette vie débordante et flamboyante, les voyageurs titubaient.

Uprostred všetkého toho kypiacej a planúcej smrti sa cestovatelia potácali.

Deux hommes, une femme et une meute de huskies marchaient comme des morts.

Dvaja muži, žena a svorka huskyov kráčali ako mŕtvi.

Les chiens tombaient, Mercedes pleurait, mais continuait à conduire le traîneau.

Psy padali, Mercedes plakala, ale stále jazdila na saniach.

Hal jura faiblement et Charles cligna des yeux à travers ses yeux larmoyants.

Hal slabo zaklial a Charles žmurkol slziacimi očami.

Ils tombèrent sur le camp de John Thornton à l'embouchure de la rivière White.

Narazili na tábor Johna Thorntona pri ústí Bielej rieky.

Lorsqu'ils s'arrêtèrent, les chiens s'effondrèrent, comme s'ils étaient tous morts.

Keď zastavili, psy padli na zem, akoby všetky uhynuli.

Mercedes essuya ses larmes et regarda John Thornton.

Mercedes si utrela slzy a pozrela sa na Johna Thorntona.

Charles s'assit sur une bûche, lentement et raidement, souffrant du sentier.

Karol sedel na kmeni, pomaly a strnulo, bolelo ho od cesty.

Hal parlait pendant que Thornton sculptait l'extrémité d'un manche de hache.

Hal hovoril, zatiaľ čo Thornton vyrezával koniec rukoväte sekery.

Il taillait du bois de bouleau et répondait par des réponses brèves et fermes.

Orezával brezové drevo a odpovedal stručne, rázne.

Lorsqu'on lui a demandé son avis, il a donné des conseils, certain qu'ils ne seraient pas suivis.

Keď sa ho o to opýtali, dal radu, hoci si bol istý, že sa ňou nebude riadiť.

Hal a expliqué : « Ils nous ont dit que la glace du sentier disparaissait. »

Hal vysvetlil: „Povedali nám, že sa ľad na chodníku topí."

« Ils ont dit que nous devions rester sur place, mais nous sommes arrivés à White River. »

„Povedali, že by sme mali zostať tu – ale dostali sme sa do Bielej rieky."

Il a terminé sur un ton moqueur, comme pour crier victoire dans les difficultés.

Skončil posmešným tónom, akoby si chcel nárokovať víťazstvo v ťažkostiach.

« Et ils t'ont dit la vérité », répondit doucement John Thornton à Hal.

„A povedali ti pravdu," odpovedal John Thornton Halovi potichu.

« La glace peut céder à tout moment, elle est prête à tomber. »

„Ľad môže každú chvíľu povoliť – je pripravený vypadnúť."

« Seuls un peu de chance et des imbéciles ont pu arriver jusqu'ici en vie. »

„Len slepé šťastie a blázni sa mohli dostať tak ďaleko preživší."

« Je vous le dis franchement, je ne risquerais pas ma vie pour tout l'or de l'Alaska. »

„Hovorím ti na rovinu, neriskoval by som svoj život ani za všetko aljašské zlato."

« C'est parce que tu n'es pas un imbécile, je suppose », répondit Hal.

„To preto, že nie si hlupák, predpokladám," odpovedal Hal.

« Tout de même, nous irons à Dawson. » Il déroula son fouet.

„Aj tak pôjdeme do Dawsonu." Rozmotal bič.

« Monte là-haut, Buck ! Salut ! Debout ! Vas-y ! » cria-t-il durement.

„Vylez hore, Buck! Ahoj! Vstaň! No tak!" zakričal drsne.

Thornton continuait à tailler, sachant que les imbéciles n'entendraient pas la raison.

Thornton ďalej rezbárčil, vediac, že blázni nepočujú rozum.

Arrêter un imbécile était futile, et deux ou trois imbéciles ne changeaient rien.

Zastaviť hlupáka bolo márne – a dvaja alebo traja hlupáci nič nezmenili.

Mais l'équipe n'a pas bougé au son de l'ordre de Hal.

Ale tím sa na zvuk Halovho rozkazu nepohol.

Désormais, seuls les coups pouvaient les faire se relever et avancer.

Teraz ich už len údery mohli prinútiť vstať a pohnúť sa vpred.

Le fouet claquait encore et encore sur les chiens affaiblis.

Bič znova a znova šľahal po oslabených psoch.

John Thornton serra fermement ses lèvres et regarda en silence.

John Thornton pevne stlačil pery a mlčky sledoval.

Solleks fut le premier à se relever sous le fouet.

Solleks sa prvý pod bičom doplazil na nohy.

Puis Teek le suivit, tremblant. Joe poussa un cri en se relevant.

Potom ho nasledoval Teek, trasúci sa. Joe vykríkol, keď sa potkol.

Pike a essayé de se relever, a échoué deux fois, puis est finalement resté debout, chancelant.

Pike sa pokúsil vstať, dvakrát nepodarilo sa mu to, potom sa nakoniec neisto postavil.

Mais Buck resta là où il était tombé, sans bouger du tout cette fois.

Ale Buck ležal tam, kde spadol, tentoraz sa vôbec nehýbal.

Le fouet le frappait à plusieurs reprises, mais il ne faisait aucun bruit.

Bič ho sekal znova a znova, ale nevydal ani hlásku.

Il n'a pas bronché ni résisté, il est simplement resté immobile et silencieux.

Nemykol sa ani sa nebránil, jednoducho zostal nehybný a tichý.

Thornton remua plus d'une fois, comme pour parler, mais ne le fit pas.

Thornton sa viackrát pohol, akoby chcel prehovoriť, ale neurobil to.

Ses yeux s'humidifièrent, et le fouet continuait à claquer contre Buck.

Oči mu zvlhli a bič stále šľahal po Buckovi.

Finalement, Thornton commença à marcher lentement, ne sachant pas quoi faire.

Nakoniec Thornton začal pomaly prechádzať, neistý si, čo má robiť.

C'était la première fois que Buck échouait, et Hal devint furieux.

Bolo to prvýkrát, čo Buck zlyhal, a Hal sa rozzúril.

Il a jeté le fouet et a pris la lourde massue à la place.

Odhodil bič a namiesto toho zdvihol ťažký kyj.

Le gourdin en bois s'abattit violemment, mais Buck ne se releva toujours pas pour bouger.

Drevená palica tvrdo dopadla, ale Buck sa stále nepostavil, aby sa pohol.

Comme ses coéquipiers, il était trop faible, mais plus que cela.

Rovnako ako jeho spoluhráči, aj on bol príliš slabý – ale viac než len to.

Buck avait décidé de ne pas bouger, quoi qu'il arrive.

Buck sa rozhodol nepohnúť sa, nech sa stane čokoľvek.

Il sentait quelque chose de sombre et de certain planer juste devant lui.

Cítil, ako sa pred ním vznáša niečo temné a isté.

Cette peur l'avait saisi dès qu'il avait atteint la rive du fleuve.

Ten strach ho premohol hneď, ako dorazil na breh rieky.

Cette sensation ne l'avait pas quitté depuis qu'il sentait la glace s'amincir sous ses pattes.

Ten pocit ho neopustil odvtedy, čo cítil, ako je ľad pod jeho labami tenký.

Quelque chose de terrible l'attendait – il le sentait juste au bout du sentier.

Čakalo naňho niečo hrozné – cítil to hneď za ním.

Il n'allait pas marcher vers cette terrible chose devant lui.

Nemienil kráčať k tej hroznej veci pred sebou.

Il n'allait pas obéir à un quelconque ordre qui le conduirait à cette chose.

Nemienil poslúchnuť žiadny príkaz, ktorý ho k tomu viedol.

La douleur des coups ne l'atteignait plus guère, il était trop loin.

Bolesť z úderov sa ho teraz takmer nedotýkala – bol už príliš zraniteľní.

L'étincelle de vie vacillait faiblement, s'affaiblissant sous chaque coup cruel.

Iskra života slabo mihotala, tlmená pod každým krutým úderom.

Ses membres semblaient lointains ; tout son corps semblait appartenir à un autre.

Jeho končatiny sa zdali byť vzdialené; celé jeho telo akoby patrilo niekomu inému.

Il ressentit un étrange engourdissement alors que la douleur disparaissait complètement.

Pocítil zvláštne znecitlivenie, keď bolesť úplne ustúpila.

De loin, il sentait qu'il était battu, mais il le savait à peine.

Z diaľky cítil, že ho bijú, ale sotva si to uvedomoval.

Il pouvait entendre les coups sourds faiblement, mais ils ne faisaient plus vraiment mal.

Slabo počul buchot, ale už ho v skutočnosti nebolel.

Les coups ont porté, mais son corps ne semblait plus être le sien.

Údery dopadali, ale jeho telo sa už nezdalo byť jeho vlastné.

Puis, soudain, sans prévenir, John Thornton poussa un cri sauvage.

Potom zrazu, bez varovania, John Thornton divokým hlasom vykríkol.

C'était inarticulé, plus le cri d'une bête que celui d'un homme.

Bolo to nezrozumiteľné, skôr krik zvieraťa než človeka.

Il sauta sur l'homme avec la massue et renversa Hal en arrière.

Skočil na muža s palicou a zrazil Hala dozadu.

Hal vola comme s'il avait été frappé par un arbre, atterrissant durement sur le sol.

Hal letel, akoby ho zrazil strom, a tvrdo pristál na zemi.

Mercedes a crié de panique et s'est agrippée au visage.

Mercedes nahlas vykríkla v panike a chytila sa za tvár.

Charles se contenta de regarder, s'essuya les yeux et resta assis.

Karol sa len pozeral, utrel si oči a zostal sedieť.

Son corps était trop raide à cause de la douleur pour se lever ou aider au combat.

Jeho telo bolo príliš stuhnuté bolesťou, aby sa postavil alebo pomohol v boji.

Thornton se tenait au-dessus de Buck, tremblant de fureur, incapable de parler.

Thornton stál nad Buckom, trasúc sa od zúrivosti, neschopný hovoriť.

Il tremblait de rage et luttait pour trouver sa voix à travers elle.

Triasol sa od zúrivosti a snažil sa cez ňu prehovoriť.

« Si tu frappes encore ce chien, je te tue », dit-il finalement.

„Ak toho psa udrieš ešte raz, zabijem ťa," povedal nakoniec.

Hal essuya le sang de sa bouche et s'avança à nouveau.

Hal si utrel krv z úst a znova pristúpil k nim.

« C'est mon chien », murmura-t-il. « Dégage, ou je te répare. »

„Je to môj pes," zamrmlal. „Uhni mi z cesty, alebo ťa opravím."

« Je vais à Dawson, et vous ne m'en empêcherez pas », a-t-il ajouté.

„Idem do Dawsonu a ty ma nezastavíš," dodal.

Thornton se tenait fermement entre Buck et le jeune homme en colère.

Thornton stál pevne medzi Buckom a nahnevaným mladým mužom.

Il n'avait aucune intention de s'écarter ou de laisser passer Hal.

Nemal v úmysle ustúpiť ani nechať Hala prejsť.

Hal sortit son couteau de chasse, long et dangereux à la main.

Hal vytiahol svoj poľovnícky nôž, dlhý a nebezpečný v ruke.

Mercedes a crié, puis pleuré, puis ri dans une hystérie sauvage.

Mercedes kričala, potom plakala a potom sa divoko hystéricky smiala.

Thornton frappa la main de Hal avec le manche de sa hache, fort et vite.

Thornton udrel Hala do ruky rukoväťou sekery, silno a rýchlo.

Le couteau s'est détaché de la main de Hal et a volé au sol.

Nôž Halovi vypadol z ruky a spadol na zem.

Hal essaya de ramasser le couteau, et Thornton frappa à nouveau ses jointures.

Hal sa pokúsil zdvihnúť nôž a Thornton si znova zabuchol kĺbmi prstov.

Thornton se baissa alors, attrapa le couteau et le tint.

Potom sa Thornton zohol, schmatol nôž a držal ho.

D'un coup rapide de manche de hache, il coupa les rênes de Buck.

Dvoma rýchlymi údermi rukoväte sekery preťal Buckovi opraty.

Hal n'avait plus aucune résistance et s'éloigna du chien.

Hal v sebe nemal žiadnu bojovnosť a od psa cúvol.

De plus, Mercedes avait désormais besoin de ses deux bras pour se maintenir debout.

Okrem toho, Mercedes teraz potrebovala obe ruky, aby sa udržala vo vzpriamenej polohe.

Buck était trop proche de la mort pour pouvoir à nouveau tirer un traîneau.

Buck bol príliš blízko smrti, aby mohol znova ťahať sane.

Quelques minutes plus tard, ils se sont retirés et ont descendu la rivière.

O pár minút neskôr vyrazili a zamierili dolu riekou.

Buck leva faiblement la tête et les regarda quitter la banque.

Buck slabo zdvihol hlavu a sledoval, ako odchádzajú z banky.

Pike a mené l'équipe, avec Solleks à l'arrière dans la roue.

Pike viedol tím, Solleks bol vzadu na pozícii volantu.

Joe et Teek marchaient entre eux, tous deux boitant d'épuisement.

Joe a Teek kráčali pomedzi, obaja krívali od vyčerpania.

Mercedes s'assit sur le traîneau et Hal saisit le long mât.

Mercedes sedela na saniach a Hal sa držal dlhej výstužnej tyče.

Charles trébuchait derrière, ses pas maladroits et incertains.

Karol sa potkýnal za ním, jeho kroky boli nemotorné a neisté.

Thornton s'agenouilla près de Buck et chercha doucement des os cassés.

Thornton si kľakol k Buckovi a jemne hľadal zlomené kosti.

Ses mains étaient rudes mais bougeaient avec gentillesse et attention.

Jeho ruky boli drsné, ale pohybovali sa s láskavosťou a starostlivosťou.

Le corps de Buck était meurtri mais ne présentait aucune blessure durable.

Buckovo telo bolo pomliaždené, ale nevykazovalo žiadne trvalé zranenia.

Ce qui restait, c'était une faim terrible et une faiblesse quasi totale.

Zostal len hrozný hlad a takmer úplná slabosť.

Au moment où cela fut clair, le traîneau était déjà loin en aval.

Kým sa to vyjasnilo, sane už boli ďaleko po prúde.

L'homme et le chien regardaient le traîneau ramper lentement sur la glace fissurée.

Muž a pes sledovali, ako sa sane pomaly plazia po praskajúcom ľade.

Puis, ils virent le traîneau s'enfoncer dans un creux.

Potom videli, ako sa sane prepadajú do priehlbiny.

Le mât s'est envolé, Hal s'y accrochant toujours en vain.

Výstužná tyč vyletela hore, pričom sa jej Hal stále márne držal.

Le cri de Mercedes les atteignit à travers la distance froide.

Mercedesin výkrik k nim doľahol cez chladnú diaľku.

Charles se retourna et recula, mais il était trop tard.

Charles sa otočil a ustúpil – ale bolo už neskoro.

Une calotte glaciaire entière a cédé et ils sont tous tombés à travers.

Celý ľadový štít sa prepadol a všetci cez neho prepadli.

Les chiens, le traîneau et les gens ont disparu dans l'eau noire en contrebas.

Psy, sane a ľudia zmizli v čiernej vode pod nimi.

Il ne restait qu'un large trou dans la glace là où ils étaient passés.

Tam, kde prešli, zostala v ľade len široká diera.

Le fond du sentier s'était affaissé, comme Thornton l'avait prévenu.

Spodná časť chodníka sa prepadla – presne ako Thornton varoval.

Thornton et Buck se regardèrent, silencieux pendant un moment.

Thornton a Buck sa na seba pozreli a chvíľu mlčali.

« Pauvre diable », dit doucement Thornton, et Buck lui lécha la main.

„Ty chudák," povedal Thornton potichu a Buck mu olízal ruku.

Pour l'amour d'un homme
Z lásky k mužovi

John Thornton s'est gelé les pieds dans le froid du mois de décembre précédent.
Johnovi Thorntonovi v decembrovom chlade omrzli nohy.

Ses partenaires l'ont mis à l'aise et l'ont laissé se rétablir seul.
Jeho partneri ho upokojili a nechali ho zotavovať sa samého.

Ils remontèrent la rivière pour rassembler un radeau de billes de bois pour Dawson.
Vyšli proti prúdu rieky, aby nazbierali kopu pílových kmeňov pre Dawsona.

Il boitait encore légèrement lorsqu'il a sauvé Buck de la mort.
Keď zachránil Bucka pred smrťou, stále mierne kríval.

Mais avec le temps chaud qui continue, même cette boiterie a disparu.
Ale s pretrvávajúcim teplým počasím zmizlo aj to krívanie.

Allongé au bord de la rivière pendant les longues journées de printemps, Buck se reposait.
Počas dlhých jarných dní ležal Buck na brehu rieky a odpočíval.

Il regardait l'eau couler et écoutait les oiseaux et les insectes.
Sledoval tečúcu vodu a počúval vtáky a hmyz.

Lentement, Buck reprit ses forces sous le soleil et le ciel.
Buck pomaly naberal silu pod slnkom a oblohou.

Un repos merveilleux après avoir parcouru trois mille kilomètres.
Oddych bol úžasný po precestovaní troch tisíc míľ.

Buck est devenu paresseux à mesure que ses blessures guérissaient et que son corps se remplissait.
Buck sa stal lenivým, ako sa mu hojili rany a telo sa mu vyplňalo.

Ses muscles se raffermirent et la chair revint recouvrir ses os.
Jeho svaly spevneli a mäso sa vrátilo, aby mu pokrylo kosti.

Ils se reposaient tous : Buck, Thornton, Skeet et Nig.

Všetci odpočívali – Buck, Thornton, Skeet a Nig.

Ils attendaient le radeau qui allait les transporter jusqu'à Dawson.

Čakali na plť, ktorá ich mala odviezť do Dawsonu.

Skeet était un petit setter irlandais qui s'est lié d'amitié avec Buck.

Skeet bol malý írsky seter, ktorý sa spriatelil s Buckom.

Buck était trop faible et malade pour lui résister lors de leur première rencontre.

Buck bol príliš slabý a chorý, aby jej pri ich prvom stretnutí odolal.

Skeet avait le trait de guérisseur que certains chiens possèdent naturellement.

Skeet mal liečiteľskú vlastnosť, ktorú niektoré psy prirodzene majú.

Comme une mère chatte, elle lécha et nettoya les blessures à vif de Buck.

Ako mama mačka olizovala a čistila Buckove zapálené rany.

Chaque matin, après le petit-déjeuner, elle répétait son travail minutieux.

Každé ráno po raňajkách opakovala svoju starostlivú prácu.

Buck s'attendait à son aide autant qu'à celle de Thornton.

Buck očakával jej pomoc rovnako ako Thorntonovu.

Nig était également amical, mais moins ouvert et moins affectueux.

Nig bol tiež priateľský, ale menej otvorený a menej prítulný.

Nig était un gros chien noir, à la fois chien de Saint-Hubert et chien de chasse.

Nig bol veľký čierny pes, čiastočne bloodhound a čiastočne deerhound.

Il avait des yeux rieurs et une infinie bonne nature dans son esprit.

Mal smejúce sa oči a v duši nekonečnú dobrosrdečnosť.

À la surprise de Buck, aucun des deux chiens n'a montré de jalousie envers lui.

Na Buckovo prekvapenie ani jeden pes neprejavil voči nemu žiarlivosť.

Skeet et Nig ont tous deux partagé la gentillesse de John Thornton.

Skeet aj Nig zdieľali láskavosť Johna Thorntona.

À mesure que Buck devenait plus fort, ils l'ont attiré dans des jeux de chiens stupides.

Ako Buck silnel, lákali ho na hlúpe psie hry.

Thornton jouait souvent avec eux aussi, incapable de résister à leur joie.

Thornton sa s nimi tiež často hrával, neschopný odolať ich radosti.

De cette manière ludique, Buck est passé de la maladie à une nouvelle vie.

Takto hravou formou sa Buck prepracoval z choroby do nového života.

L'amour – un amour véritable, brûlant et passionné – était enfin à lui.

Láska – pravá, horiaca a vášnivá láska – bola konečne jeho.

Il n'avait jamais connu ce genre d'amour dans le domaine de Miller.

Na Millerovom panstve nikdy nepoznal takúto lásku.

Avec les fils du juge, il avait partagé le travail et l'aventure.

So sudcovými synmi zdieľal prácu a dobrodružstvo.

Chez les petits-fils, il vit une fierté raide et vantarde.

U vnukov videl strnulú a chvastavú pýchu.

Il entretenait avec le juge Miller lui-même une amitié respectueuse.

So samotným sudcom Millerom mal úctivé priateľstvo.

Mais l'amour qui était feu, folie et adoration est venu avec Thornton.

Ale láska, ktorá bola ohňom, šialenstvom a uctievaním, prišla s Thorntonom.

Cet homme avait sauvé la vie de Buck, et cela seul signifiait beaucoup.

Tento muž zachránil Buckovi život a už len to samo o sebe veľa znamenalo.

Mais plus que cela, John Thornton était le type de maître idéal.

Ale viac než to, John Thornton bol ideálnym typom majstra.

D'autres hommes s'occupaient de chiens par devoir ou par nécessité professionnelle.

Iní muži sa starali o psy z povinnosti alebo pracovnej nevyhnutnosti.

John Thornton prenait soin de ses chiens comme s'ils étaient ses enfants.

John Thornton sa staral o svoje psy, akoby boli jeho deti.

Il prenait soin d'eux parce qu'il les aimait et qu'il ne pouvait tout simplement pas s'en empêcher.

Staral sa o nich, pretože ich miloval a jednoducho si nemohol pomôcť.

John Thornton a vu encore plus loin que la plupart des hommes n'ont jamais réussi à voir.

John Thornton videl ešte ďalej, než väčšina mužov kedy dokázala vidieť.

Il n'oubliait jamais de les saluer gentiment ou de leur adresser un mot d'encouragement.

Nikdy nezabudol ich milo pozdraviť alebo povedať povzbudivé slovo.

Il adorait s'asseoir avec les chiens pour de longues conversations, ou « gazeuses », comme il disait.

Miloval dlhé rozhovory so psami, alebo ako hovoril, „nadýchaný".

Il aimait saisir brutalement la tête de Buck entre ses mains fortes.

Rád hrubo chytal Bucka za hlavu svojimi silnými rukami.

Puis il posa sa tête contre celle de Buck et le secoua doucement.

Potom si oprel hlavu o Buckovu a jemne ňou potriasol.

Pendant tout ce temps, il traitait Buck de noms grossiers qui signifiaient de l'amour pour Buck.

Celý čas Buckovi nadával hrubými slovami, ktoré pre Bucka znamenali lásku.

Pour Buck, cette étreinte brutale et ces mots ont apporté une joie profonde.

Buckovi to drsné objatie a tie slová priniesli hlbokú radosť.

Son cœur semblait se déchaîner de bonheur à chaque mouvement.

Zdalo sa, že mu srdce pri každom pohybe búši od šťastia.

Lorsqu'il se releva ensuite, sa bouche semblait rire.

Keď potom vyskočil, jeho ústa vyzerali, akoby sa smiali.

Ses yeux brillaient et sa gorge tremblait d'une joie inexprimée.

Jeho oči jasne žiarili a hrdlo sa mu trjaslo od nevyslovenej radosti.

Son sourire resta figé dans cet état d'émotion et d'affection rayonnante.

Jeho úsmev v tom stave emócií a žiariacej náklonnosti nehybne stával.

Thornton s'exclama alors pensivement : « Mon Dieu ! Il peut presque parler ! »

Vtedy Thornton zamyslene zvolal: „Bože! Veď vie takmer hovoriť!"

Buck avait une étrange façon d'exprimer son amour qui causait presque de la douleur.

Buck mal zvláštny spôsob vyjadrovania lásky, ktorý mu takmer spôsoboval bolesť.

Il serrait souvent très fort la main de Thornton entre ses dents.

Často veľmi pevne zvieral Thorntonovu ruku v zuboch.

La morsure allait laisser des marques profondes qui resteraient un certain temps après.

Uhryznutie malo zanechať hlboké stopy, ktoré zostali nejaký čas potom.

Buck croyait que ces serments étaient de l'amour, et Thornton savait la même chose.

Buck veril, že tie prísahy sú láska a Thornton vedel to isté.

Le plus souvent, l'amour de Buck se manifestait par une adoration silencieuse, presque silencieuse.

Buckova láska sa najčastejšie prejavovala v tichom, takmer tichom zbožňovaní.

Bien qu'il soit ravi lorsqu'on le touche ou qu'on lui parle, il ne cherche pas à attirer l'attention.

Hoci sa ho tešilo, keď sa ho dotýkali alebo sa naňho rozprávali, nevyhľadával pozornosť.

Skeet a poussé son nez sous la main de Thornton jusqu'à ce qu'il la caresse.

Skeet si strčila ňufák pod Thorntonovu ruku, kým ju nepohladil.

Nig s'approcha tranquillement et posa sa grosse tête sur le genou de Thornton.

Nig potichu prišiel a položil si veľkú hlavu na Thorntonovo koleno.

Buck, au contraire, se contentait d'aimer à distance respectueuse.

Buck sa naopak uspokojil s láskou z úctivého odstupu.

Il resta allongé pendant des heures aux pieds de Thornton, alerte et observant attentivement.

Hodiny ležal Thorntonovi pri nohách, ostražitý a pozorne sledoval.

Buck étudiait chaque détail du visage de son maître et le moindre mouvement.

Buck študoval každý detail tváre svojho pána a jeho najmenší pohyb.

Ou bien il était allongé plus loin, étudiant la silhouette de l'homme en silence.

Alebo klamal ďalej a mlčky skúmal mužovu postavu.

Buck observait chaque petit mouvement, chaque changement de posture ou de geste.

Buck sledoval každý malý pohyb, každú zmenu postoja alebo gesta.

Ce lien était si puissant qu'il attirait souvent le regard de Thornton.

Toto spojenie bolo také silné, že často priťahovalo Thorntonov pohľad.

Il rencontra les yeux de Buck sans un mot, l'amour brillant clairement à travers.

Bez slov sa stretol s Buckovými očami, z ktorých jasne žiarila láska.

Pendant longtemps après avoir été sauvé, Buck n'a jamais laissé Thornton hors de vue.

Dlho po tom, čo bol zachránený, Buck nespustil Thorntona z dohľadu.

Chaque fois que Thornton quittait la tente, Buck le suivait de près à l'extérieur.

Vždy, keď Thornton opustil stan, Buck ho tesne nasledoval von.

Tous les maîtres sévères du Northland avaient fait que Buck avait peur de faire confiance.

Všetci tí drsní páni na Severe spôsobili, že sa Buck bál dôverovať.

Il craignait qu'aucun homme ne puisse rester son maître plus d'un court instant.

Bál sa, že nikto nemôže zostať jeho pánom dlhšie ako krátky čas.

Il craignait que John Thornton ne disparaisse comme Perrault et François.

Bál sa, že John Thornton zmizne ako Perrault a François.

Même la nuit, la peur de le perdre hantait le sommeil agité de Buck.

Aj v noci Bucka prenasledoval strach zo straty, keď spal.

Quand Buck se réveilla, il se glissa dehors dans le froid et se dirigea vers la tente.

Keď sa Buck zobudil, vykradol sa do chladu a išiel k stanu.

Il écoutait attentivement le doux bruit de la respiration à l'intérieur.

Pozorne načúval, či nezačuje jemné dýchanie vo svojom vnútri.

Malgré l'amour profond de Buck pour John Thornton, la nature sauvage est restée vivante.

Napriek Buckovej hlbokej láske k Johnovi Thorntonovi divočina prežila.

Cet instinct primitif, éveillé dans le Nord, n'a pas disparu.

Ten primitívny inštinkt, prebudený na Severe, nezmizol.

L'amour a apporté la dévotion, la loyauté et le lien chaleureux du coin du feu.

Láska priniesla oddanosť, vernosť a vrúcne puto pri ohni.

Mais Buck a également conservé son instinct sauvage, vif et toujours en alerte.

Buck si však zachoval aj svoje divoké inštinkty, bystré a vždy v strehu.

Il n'était pas seulement un animal de compagnie apprivoisé venu des terres douces de la civilisation.

Nebol len skroteným domácim miláčikom z mäkkých krajín civilizácie.

Buck était un être sauvage qui était venu s'asseoir près du feu de Thornton.

Buck bol divoký tvor, ktorý si prišiel sadnúť k Thorntonovmu ohňu.

Il ressemblait à un chien du Southland, mais la sauvagerie vivait en lui.

Vyzeral ako pes z Juhu, ale v ňom žila divokosť.

Son amour pour Thornton était trop grand pour permettre de voler cet homme.

Jeho láska k Thorntonovi bola príliš veľká na to, aby mu dovolila ukradnúť ho.

Mais dans n'importe quel autre camp, il volerait avec audace et sans relâche.

Ale v ktoromkoľvek inom tábore by kradol smelo a bez prestávky.

Il était si habile à voler que personne ne pouvait l'attraper ou l'accuser.

Bol taký šikovný v krádeži, že ho nikto nemohol chytiť ani obviniť.

Son visage et son corps étaient couverts de cicatrices dues à de nombreux combats passés.

Jeho tvár a telo boli pokryté jazvami z mnohých minulých bitiek.

Buck se battait toujours avec acharnement, mais maintenant il se battait avec plus de ruse.

Buck stále bojoval zúrivo, ale teraz bojoval prefíkanejšie.

Skeet et Nig étaient trop doux pour se battre, et ils appartenaient à Thornton.

Skeet a Nig boli príliš jemní na to, aby sa s nimi bili, a patrili Thorntonovi.

Mais tout chien étranger, aussi fort ou courageux soit-il, cédait.

Ale každý cudzí pes, bez ohľadu na to, aký bol silný alebo statočný, ustúpil.

Sinon, le chien se retrouvait à lutter contre Buck, à se battre pour sa vie.

Inak sa pes ocitol v situácii, keď bojoval s Buckom; bojoval o svoj život.

Buck n'a eu aucune pitié une fois qu'il a choisi de se battre contre un autre chien.

Buck nemal zľutovanie, keď sa rozhodol bojovať s iným psom.

Il avait bien appris la loi du gourdin et des crocs dans le Nord.

Dobre sa naučil zákon kyja a tesáka na Severe.

Il n'a jamais abandonné un avantage et n'a jamais reculé devant la bataille.

Nikdy sa nevzdal výhody a nikdy neustúpil z boja.

Il avait étudié les Spitz et les chiens les plus féroces de la poste et de la police.

Študoval Špicov a najzúrivejších poštových a policajných psov.

Il savait clairement qu'il n'y avait pas de juste milieu dans un combat sauvage.

Jasne vedel, že v divokom boji niet strednej cesty.

Il doit gouverner ou être gouverné ; faire preuve de miséricorde signifie faire preuve de faiblesse.

Musel vládnuť, alebo byť ovládaný; prejaviť milosrdenstvo znamenalo prejaviť slabosť.

La miséricorde était inconnue dans le monde brut et brutal de la survie.

V surovom a brutálnom svete prežitia bolo milosrdenstvo neznáme.

Faire preuve de miséricorde était perçu comme de la peur, et la peur menait rapidement à la mort.

Prejav milosrdenstva sa vnímal ako strach a strach rýchlo viedol k smrti.

L'ancienne loi était simple : tuer ou être tué, manger ou être mangé.

Starý zákon bol jednoduchý: zabi alebo budeš zabitý, zjedz alebo budeš zjedený.

Cette loi venait des profondeurs du temps, et Buck la suivait pleinement.

Tento zákon pochádzal z hlbín času a Buck sa ním plne riadil.

Buck était plus vieux que son âge et que le nombre de respirations qu'il prenait.

Buck bol starší na svoj vek a na počet nádychov, ktoré zhlboka vydýchol.

Il a clairement relié le passé ancien au moment présent.

Jasne spojil dávnu minulosť so súčasnosťou.

Les rythmes profonds des âges le traversaient comme les marées.

Hlboké rytmy vekov sa ním preháňali ako príliv a odliv.

Le temps pulsait dans son sang aussi sûrement que les saisons faisaient bouger la terre.

Čas mu pulzoval v krvi rovnako isto, ako ročné obdobia hýbali Zemou.

Il était assis près du feu de Thornton, la poitrine forte et les crocs blancs.

Sedel pri Thorntonovom ohni, so silnou hruďou a bielymi tesákmi.

Sa longue fourrure ondulait, mais derrière lui, les esprits des chiens sauvages observaient.

Jeho dlhá srsť viala, ale za ním ho pozorovali duchovia divých psov.

Des demi-loups et des loups à part entière s'agitaient dans son cœur et dans ses sens.

V jeho srdci a zmysloch sa prebúdzali poloviční vlci a praví vlci.

Ils goûtèrent sa viande et burent la même eau que lui.

Ochutnali jeho mäso a pili tú istú vodu ako on.

Ils reniflaient le vent à ses côtés et écoutaient la forêt.

Vdychovali vietor vedľa neho a načúvali lesu.

Ils murmuraient la signification des sons sauvages dans l'obscurité.

Šepkali významy divokých zvukov v tme.

Ils façonnaient ses humeurs et guidaient chacune de ses réactions silencieuses.

Formovali jeho nálady a usmerňovali každú z jeho tichých reakcií.

Ils se sont couchés avec lui pendant son sommeil et sont devenus une partie de ses rêves profonds.

Ležali s ním, keď spal, a stali sa súčasťou jeho hlbokých snov.

Ils rêvaient avec lui, au-delà de lui, et constituaient son esprit même.

Snívali s ním, prevyšovali ho a tvorili jeho samotnú dušu.

Les esprits de la nature appelèrent si fort que Buck se sentit attiré.

Duchovia divočiny volali tak silno, že Buck sa cítil pritiahnutý.

Chaque jour, l'humanité et ses revendications s'affaiblissaient dans le cœur de Buck.

Ľudstvo a jeho nároky v Buckovom srdci každým dňom slabli.

Au plus profond de la forêt, un appel étrange et palpitant allait s'élever.

Hlboko v lese sa malo ozvať zvláštne a vzrušujúce volanie.

Chaque fois qu'il entendait l'appel, Buck ressentait une envie à laquelle il ne pouvait résister.

Zakaždým, keď Buck počul volanie, pocítil nutkanie, ktorému nemohol odolať.

Il allait se détourner du feu et des sentiers battus des humains.

Chcel sa odvrátiť od ohňa a odvrátiť sa od vychodených ľudských ciest.

Il allait s'enfoncer dans la forêt, avançant sans savoir pourquoi.

Chcel sa vrhnúť do lesa, ísť vpred bez toho, aby vedel prečo.

Il ne remettait pas en question cette attraction, car l'appel était profond et puissant.

Nespochybňoval túto príťažlivosť, pretože volanie bolo hlboké a silné.

Souvent, il atteignait l'ombre verte et la terre douce et intacte

Často dosahoval zelený tieň a mäkkú nedotknutú zem

Mais ensuite, son amour profond pour John Thornton l'a ramené vers le feu.

Ale potom ho silná láska k Johnovi Thorntonovi pritiahla späť k ohňu.

Seul John Thornton tenait véritablement le cœur sauvage de Buck entre ses mains.

Iba John Thornton skutočne držal Buckovo divoké srdce vo svojom zovretí.

Le reste de l'humanité n'avait aucune valeur ni signification durable pour Buck.

Zvyšok ľudstva nemal pre Bucka žiadnu trvalú hodnotu ani význam.

Les étrangers pourraient le féliciter ou caresser sa fourrure avec des mains amicales.

Cudzinci ho môžu chváliť alebo priateľsky hladiť jeho srsť rukami.

Buck resta impassible et s'éloigna à cause de trop d'affection.

Buck zostal nepohnutý a odišiel z priveľa náklonnosti.

Hans et Pete sont arrivés avec le radeau qu'ils attendaient depuis longtemps

Hans a Pete dorazili s dlho očakávaným raftom.

Buck les a ignorés jusqu'à ce qu'il apprenne qu'ils étaient proches de Thornton.

Buck ich ignoroval, kým sa nedozvedel, že sú blízko Thorntona.

Après cela, il les a tolérés, mais ne leur a jamais montré toute sa chaleur.

Potom ich toleroval, ale nikdy im neprejavil plnú vrúcnosť.

Il prenait de la nourriture ou des marques de gentillesse de leur part comme s'il leur rendait service.

Prijal od nich jedlo alebo láskavosť, akoby im preukázal láskavosť.

Ils étaient comme Thornton : simples, honnêtes et clairs dans leurs pensées.

Boli ako Thornton – jednoduchí, čestní a s jasnými myšlienkami.

Tous ensemble, ils se rendirent à la scierie de Dawson et au grand tourbillon

Všetci spolu cestovali k Dawsonovej píle a k veľkému víru

Au cours de leur voyage, ils ont appris à comprendre profondément la nature de Buck.

Počas svojej cesty sa naučili hlboko pochopiť Buckovu povahu.

Ils n'ont pas essayé de se rapprocher comme Skeet et Nig l'avaient fait.

Nesnažili sa zblížiť ako to urobili Skeet a Nig.

Mais l'amour de Buck pour John Thornton n'a fait que s'approfondir avec le temps.

Buckova láska k Johnovi Thorntonovi sa však časom len prehlbovala.

Seul Thornton pouvait placer un sac sur le dos de Buck en été.

Iba Thornton dokázal v lete položiť Buckovi na chrbát batoh.

Quoi que Thornton ordonne, Buck était prêt à l'exécuter pleinement.

Čokoľvek Thornton prikázal, Buck bol ochotný splniť bezvýhradne.

Un jour, après avoir quitté Dawson pour les sources du Tanana,

Jedného dňa, po tom, čo odišli z Dawsonu a zamierili k prameňom rieky Tanana,

le groupe était assis sur une falaise qui descendait d'un mètre jusqu'au substrat rocheux nu.

Skupina sedela na útese, ktorý siahal asi meter k holému skalnému podložiu.

John Thornton était assis près du bord et Buck se reposait à côté de lui.

John Thornton sedel blízko okraja a Buck odpočíval vedľa neho.

Thornton eut une pensée soudaine et attira l'attention des hommes.

Thorntona zrazu napadla myšlienka a upútal pozornosť mužov.

Il désigna le gouffre et donna un seul ordre à Buck.

Ukázal cez priepasť a dal Buckovi jediný rozkaz.

« Saute, Buck ! » dit-il en balançant son bras au-dessus de la chute.

„Skoč, Buck!" povedal a vystrel ruku cez priepasť.

En un instant, il dut attraper Buck, qui sautait pour obéir.

O chvíľu musel chytiť Bucka, ktorý sa rozbehol, aby ho poslúchol.

Hans et Pete se sont précipités en avant et ont ramené les deux hommes en sécurité.

Hans a Pete sa rozbehli dopredu a odtiahli oboch späť do bezpečia.

Une fois que tout fut terminé et qu'ils eurent repris leur souffle, Pete prit la parole.

Keď sa všetko skončilo a oni si vydýchli, prehovoril Pete.

« L'amour est étrange », dit-il, secoué par la dévotion féroce du chien.

„Láska je zvláštna," povedal, otrasený psiou prudkou oddanosťou.

Thornton secoua la tête et répondit avec un sérieux calme.

Thornton pokrútil hlavou a odpovedal s pokojnou vážnosťou.

« Non, l'amour est splendide », dit-il, « mais aussi terrible. »

„Nie, láska je skvelá," povedal, „ale aj hrozná."

« Parfois, je dois l'admettre, ce genre d'amour me fait peur. »

„Niekedy musím priznať, že tento druh lásky ma bojí."

Pete hocha la tête et dit : « Je détesterais être l'homme qui te touche. »

Pete prikývol a povedal: „Nerád by som bol ten muž, ktorý sa ťa dotkne."

Il regarda Buck pendant qu'il parlait, sérieux et plein de respect.

Pri rozprávaní sa pozrel na Bucka, vážne a plné úcty.

« Py Jingo ! » s'empressa de dire Hans. « Moi non plus, non monsieur. »

„Py Jingo!" povedal Hans rýchlo. „Ani ja, nie, pane."

Avant la fin de l'année, les craintes de Pete se sont réalisées à Circle City.

Pred koncom roka sa Peteove obavy v Circle City naplnili.

Un homme cruel nommé Black Burton a provoqué une bagarre dans le bar.

Krutý muž menom Black Burton sa v bare pobil.

Il était en colère et malveillant, s'en prenant à un nouveau tendre.

Bol nahnevaný a zlomyseľný a útočil na nového štedronožca.

John Thornton est intervenu, calme et de bonne humeur comme toujours.

Vstúpil John Thornton, pokojný a dobrosrdečný ako vždy.

Buck était allongé dans un coin, la tête baissée, observant Thornton de près.

Buck ležal v kúte so sklonenou hlavou a pozorne sledoval Thorntona.

Burton frappa soudainement, son coup envoyant Thornton tourner.

Burton náhle udrel a jeho päsťou sa Thornton zatočil.

Seule la barre du bar l'a empêché de s'écraser violemment au sol.

Iba zábradlie hrazdy ho zabránilo tvrdo spadnúť na zem.

Les observateurs ont entendu un son qui n'était ni un aboiement ni un cri.

Pozorovatelia počuli zvuk, ktorý nebol štekanie ani kňučanie

un rugissement profond sortit de Buck alors qu'il se lançait vers l'homme.

Buck sa ozval hlboký rev, keď sa vrhol k mužovi.

Burton a levé le bras et a sauvé sa vie de justesse.

Burton zdvihol ruku a ledva si zachránil život.

Buck l'a percuté, le faisant tomber à plat sur le sol.

Buck doňho narazil a zrazil ho na zem.

Buck mordit profondément le bras de l'homme, puis se jeta à la gorge.

Buck sa hlboko zahryzol do mužovej ruky a potom sa vrhol na hrdlo.

Burton n'a pu bloquer que partiellement et son cou a été déchiré.

Burton dokázal blokovať len čiastočne a mal roztrhnutý krk.

Des hommes se sont précipités, les bâtons levés, et ont chassé Buck de l'homme ensanglanté.

Muži vtrhli dnu so zdvihnutými obuškami a odohnali Bucka od krvácajúceho muža.

Un chirurgien est intervenu rapidement pour arrêter l'écoulement du sang.

Chirurg rýchlo zastavil vytekanie krvi.

Buck marchait de long en large et grognait, essayant d'attaquer encore et encore.

Buck prechádzal sem a tam a vrčal a pokúšal sa zaútočiť znova a znova.

Seuls les coups de massue l'ont empêché d'atteindre Burton.

Iba rozhodujúce sa palice mu zabránili dostať sa k Burtonovi.

Une réunion de mineurs a été convoquée et tenue sur place.

Bola zvolaná a na mieste sa konala banícka porada.

Ils ont convenu que Buck avait été provoqué et ont voté pour le libérer.

Zhodli sa, že Buck bol vyprovokovaný a hlasovali za jeho prepustenie.

Mais le nom féroce de Buck résonnait désormais dans tous les camps d'Alaska.

Ale Buckovo divoké meno sa teraz ozývalo v každom tábore na Aljaške.

Plus tard cet automne-là, Buck sauva à nouveau Thornton d'une nouvelle manière.

Neskôr na jeseň Buck opäť zachránil Thorntona novým spôsobom.

Les trois hommes guidaient un long bateau sur des rapides impétueux.

Traja muži viedli dlhý čln po rozbúrených perejách.

Thornton dirigeait le bateau et donnait des indications pour se rendre sur le rivage.

Thornton riadil čln a volal pokyny k pobrežiu.

Hans et Pete couraient sur terre, tenant une corde d'arbre en arbre.

Hans a Pete bežali po súši a držali lano pretiahnuté od stromu k stromu.

Buck suivait le rythme sur la rive, surveillant toujours son maître.

Buck držal krok na brehu a stále sledoval svojho pána.

À un endroit désagréable, des rochers surplombaient les eaux vives.

Na jednom nepríjemnom mieste vytŕčali skaly pod rýchlou vodou.

Hans lâcha la corde et Thornton dirigea le bateau vers le large.

Hans pustil lano a Thornton otočil loď do strany.

Hans sprinta pour rattraper le bateau en passant devant les rochers dangereux.

Hans šprintoval, aby znova dobehol loď popri nebezpečných skalách.

Le bateau a franchi le rebord mais a heurté une partie plus forte du courant.

Loď síce prešla cez rímsu, ale narazila do silnejšej časti prúdu.

Hans a attrapé la corde trop vite et a déséquilibré le bateau.

Hans príliš rýchlo chytil lano a vyviedol loď z rovnováhy.

Le bateau s'est retourné et a heurté la berge, cul en l'air.

Loď sa prevrátila a narazila do brehu, dnom nahor.

Thornton a été jeté dehors et emporté dans la partie la plus sauvage de l'eau.

Thorntona vymrštilo a strhlo do najdivokejšej časti vody.

Aucun nageur n'aurait pu survivre dans ces eaux mortelles et tumultueuses.

Žiaden plavec by v tých smrteľne rýchlych vodách neprežil.

Buck sauta instantanément et poursuivit son maître sur la rivière.

Buck okamžite skočil a prenasledoval svojho pána dolu riekou.

Après trois cents mètres, il atteignit enfin Thornton.

Po tristo yardoch konečne dorazil do Thorntonu.

Thornton attrapa la queue de Buck, et Buck se tourna vers le rivage.

Thornton chytil Bucka za chvost a Buck sa otočil k brehu.

Il nageait de toutes ses forces, luttant contre la force de l'eau.

Plával z plnej sily a bojoval s divokým odporom vody.

Ils se déplaçaient en aval plus vite qu'ils ne pouvaient atteindre le rivage.

Pohybovali sa po prúde rýchlejšie, ako sa stihli dostať k brehu.

Plus loin, la rivière rugissait plus fort alors qu'elle tombait dans des rapides mortels.

Pred nimi rieka hučala hlasnejšie, keď sa rútila do smrteľných perejí.

Les rochers fendaient l'eau comme les dents d'un énorme peigne.

Skaly prerezávali vodu ako zuby obrovského hrebeňa.

L'attraction de l'eau près de la chute était sauvage et inévitable.

Príťažlivosť vody blízko priepasti bola prudká a neodolateľná.

Thornton savait qu'ils ne pourraient jamais atteindre le rivage à temps.

Thornton vedel, že sa im nikdy nepodarí dostať na breh včas.

Il a gratté un rocher, s'est écrasé sur un deuxième,

Škriabal o jeden kameň, narazil o druhý,

Et puis il s'est écrasé contre un troisième rocher, l'attrapant à deux mains.

A potom narazil do tretej skaly a chytil sa jej oboma rukami.

Il lâcha Buck et cria par-dessus le rugissement : « Vas-y, Buck ! Vas-y ! »

Pustil Bucka a zakričal cez rev: „Do toho, Buck! Do toho!"

Buck n'a pas pu rester à flot et a été emporté par le courant.

Buck sa nedokázal udržať na hladine a strhol ho prúd.

Il s'est battu avec acharnement, s'efforçant de se retourner, mais n'a fait aucun progrès.

Tvrdo bojoval, snažil sa otočiť, ale vôbec sa nepohol.

Puis il entendit Thornton répéter l'ordre par-dessus le rugissement de la rivière.

Potom počul Thorntona opakovať rozkaz cez hukot rieky.

Buck sortit de l'eau et leva la tête comme pour un dernier regard.

Buck sa vynoril z vody a zdvihol hlavu, akoby sa naňho chcel naposledy pozrieť.

puis il se retourna et obéit, nageant vers la rive avec résolution.

potom sa otočil, poslúchol a odhodlane plával k brehu.

Pete et Hans l'ont tiré à terre au dernier moment possible.

Pete a Hans ho vytiahli na breh v poslednej možnej chvíli.

Ils savaient que Thornton ne pourrait s'accrocher au rocher que quelques minutes de plus.

Vedeli, že Thornton sa skaly vydrží držať už len pár minút.

Ils coururent sur la berge jusqu'à un endroit bien au-dessus de l'endroit où il était suspendu.

Vybehli hore brehom k miestu vysoko nad miestom, kde visel.

Ils ont soigneusement attaché la ligne du bateau au cou et aux épaules de Buck.

Opatrne priviazali Buckovi lano z lode k krku a pleciam.

La corde était serrée mais suffisamment lâche pour permettre la respiration et le mouvement.

Lano bolo priliehavé, ale dostatočne voľné na dýchanie a pohyb.

Puis ils le jetèrent à nouveau dans la rivière tumultueuse et mortelle.

Potom ho znova spustili do zurčiaceho, smrtiacej rieky.

Buck nageait avec audace mais manquait son angle face à la force du courant.

Buck smelo plával, ale minul svoj uhol v sile prúdu.

Il a vu trop tard qu'il allait dépasser Thornton.

Príliš neskoro si uvedomil, že Thorntona minie.

Hans tira fort sur la corde, comme si Buck était un bateau en train de chavirer.

Hans trhol lanom, akoby Buck bol prevrátená loď.

Le courant l'a entraîné vers le fond et il a disparu sous la surface.

Prúd ho stiahol pod hladinu a on zmizol.

Son corps a heurté la berge avant que Hans et Pete ne le sortent.

Jeho telo narazilo do brehu skôr, ako ho Hans a Pete vytiahli von.

Il était à moitié noyé et ils l'ont chassé de l'eau.

Bol napoly utopený a vytĺkli z neho vodu.

Buck se leva, tituba et s'effondra à nouveau sur le sol.

Buck sa postavil, zatackal sa a znova sa zrútil na zem.

Puis ils entendirent la voix de Thornton faiblement portée par le vent.

Potom začuli Thorntonov hlas slabo unášaný vetrom.

Même si les mots n'étaient pas clairs, ils savaient qu'il était proche de la mort.

Hoci slová boli nejasné, vedeli, že je blízko smrti.

Le son de la voix de Thornton frappa Buck comme une décharge électrique.

Zvuk Thorntonovho hlasu zasiahol Bucka ako elektrický šok.

Il sauta et courut sur la berge, retournant au point de lancement.

Vyskočil a rozbehol sa hore brehom, späť k miestu štartu.

Ils attachèrent à nouveau la corde à Buck, et il entra à nouveau dans le ruisseau.

Znova priviazali Bucka lano a on opäť vošiel do potoka.

Cette fois, il nagea directement et fermement dans l'eau tumultueuse.

Tentoraz plával priamo a pevne do prúdiacej vody.

Hans laissa sortir la corde régulièrement tandis que Pete l'empêchait de s'emmêler.

Hans pomaly púšťal lano, zatiaľ čo Pete ho bránil zamotať sa.

Buck a nagé avec acharnement jusqu'à ce qu'il soit aligné juste au-dessus de Thornton.

Buck prudko plával, až kým sa nedostal tesne nad Thorntona.

Puis il s'est retourné et a foncé comme un train à toute vitesse.

Potom sa otočil a rútil sa dole ako vlak v plnej rýchlosti.

Thornton le vit arriver, se redressa et entoura son cou de ses bras.

Thornton ho uvidel prichádzať, pripravil sa a objal ho okolo krku.

Hans a attaché la corde fermement autour d'un arbre alors qu'ils étaient tous les deux entraînés sous l'eau.

Hans pevne uviazal lano okolo stromu, keď ich obaja stiahli pod seba.

Ils ont dégringolé sous l'eau, s'écrasant contre des rochers et des débris de la rivière.

Prevracali sa pod vodou a narážali do skál a riečnych trosiek.

Un instant, Buck était au sommet, l'instant d'après, Thornton se levait en haletant.

V jednej chvíli bol Buck navrchu, v ďalšej Thornton vstal a zalapal po dychu.

Battus et étouffés, ils se dirigèrent vers la rive et la sécurité.

Zbití a dusiaci sa, otočili sa k brehu a do bezpečia.

Thornton a repris connaissance, allongé sur un tronc d'arbre.

Thornton sa prebral k vedomiu, ležal na naplavenom kmeni.

Hans et Pete ont travaillé dur pour lui redonner souffle et vie.

Hans a Pete tvrdo pracovali, aby mu prinavrátili dych a život.

Sa première pensée fut pour Buck, qui gisait immobile et mou.

Jeho prvá myšlienka patrila Buckovi, ktorý ležal nehybne a bezvládne.

Nig hurla sur le corps de Buck et Skeet lui lécha doucement le visage.

Nig zavýjal nad Buckovým telom a Skeet mu jemne olízal tvár.

Thornton, endolori et meurtri, examina Buck avec des mains prudentes.

Thornton, boľavý a domodraný, si Bucka starostlivo prezrel rukami.

Il a trouvé trois côtes cassées, mais aucune blessure mortelle chez le chien.

Našiel u psa zlomené tri rebrá, ale žiadne smrteľné zranenia.

« C'est réglé », dit Thornton. « On campe ici. » Et c'est ce qu'ils firent.

„Tým je to vybavené," povedal Thornton. „Tu utáboríme." A tak aj urobili.

Ils sont restés jusqu'à ce que les côtes de Buck soient guéries et qu'il puisse à nouveau marcher.

Zostali tam, kým sa Buckovi nezahojili rebrá a on opäť nemohol chodiť.

Cet hiver-là, Buck accomplit un exploit qui augmenta encore sa renommée.

Tú zimu Buck predviedol čin, ktorý ešte viac zvýšil jeho slávu.

C'était moins héroïque que de sauver Thornton, mais tout aussi impressionnant.

Bolo to menej hrdinské ako záchrana Thorntona, ale rovnako pôsobivé.

À Dawson, les partenaires avaient besoin de provisions pour un long voyage.

V Dawsone potrebovali partneri zásoby na ďalekú cestu.

Ils voulaient voyager vers l'Est, dans des terres sauvages et intactes.

Chceli cestovať na východ, do nedotknutej divočiny.

L'acte de Buck dans l'Eldorado Saloon a rendu ce voyage possible.

Buckov čin v salóne Eldorado umožnil túto cestu.

Tout a commencé avec des hommes qui se vantaient de leurs chiens en buvant un verre.

Začalo to tým, že sa muži pri drinkoch chválili svojimi psami.

La renommée de Buck a fait de lui la cible de défis et de doutes.

Buckova sláva z neho urobila terč výziev a pochybností.

Thornton, fier et calme, resta ferme dans la défense du nom de Buck.

Thornton, hrdý a pokojný, pevne stál pri obrane Buckovho mena.

Un homme a déclaré que son chien pouvait facilement tirer deux cents kilos.

Jeden muž povedal, že jeho pes dokáže s ľahkosťou utiahnuť 250 kilogramov.

Un autre a dit six cents, et un troisième s'est vanté d'en avoir sept cents.

Ďalší povedal šesťsto a tretí sa chválil sedemsto.

« Pfft ! » dit John Thornton, « Buck peut tirer un traîneau de mille livres. »

„Pfft!" povedal John Thornton, „Buck dokáže ťahať tisíckilogramové sane."

Matthewson, un roi de Bonanza, s'est penché en avant et l'a défié.

Matthewson, Kráľ Bonanzy, sa naklonil dopredu a vyzval ho.

« Tu penses qu'il peut mettre autant de poids en mouvement ? »

„Myslíš si, že dokáže uviesť do pohybu toľko váhy?"

« Et tu penses qu'il peut tirer le poids sur une centaine de mètres ? »

„A myslíš si, že tú váhu dokáže utiahnuť celých sto metrov?"

Thornton répondit froidement : « Oui. Buck est assez doué pour le faire. »

Thornton chladne odpovedal: „Áno. Buck je dosť dobrý pes na to, aby to urobil."

« Il mettra mille livres en mouvement et le tirera sur une centaine de mètres. »

„Uvedie do pohybu tisíc libier a potiahne to sto metrov."

Matthewson sourit lentement et s'assura que tous les hommes entendaient ses paroles.

Matthewson sa pomaly usmial a uistil sa, že všetci muži počuli jeho slová.

« J'ai mille dollars qui disent qu'il ne peut pas. Le voilà. »

„Mám tisíc dolárov, ktoré hovoria, že nemôže. Tak to je."

Il a claqué un sac de poussière d'or de la taille d'une saucisse sur le bar.

Tresol o bar vreckom zlatého prachu veľkosti klobásy.

Personne ne dit un mot. Le silence devint pesant et tendu autour d'eux.

Nikto nepovedal ani slovo. Ticho okolo nich ťažilo a napínalo sa.

Le bluff de Thornton – s'il en était un – avait été pris au sérieux.

Thorntonov blaf – ak to vôbec bol blaf – bol zobraný vážne.

Il sentit la chaleur monter sur son visage tandis que le sang affluait sur ses joues.

Cítil, ako mu do tváre stúpa horúčava, ako sa mu do líc nahrnula krv.

Sa langue avait pris le pas sur sa raison à ce moment-là.

V tej chvíli jeho jazyk predbehol rozum.

Il ne savait vraiment pas si Buck pouvait déplacer mille livres.

Naozaj nevedel, či Buck dokáže pohnúť tisíckou libier.

Une demi-tonne ! Rien que sa taille lui pesait le cœur.

Pol tony! Už len samotná jeho veľkosť mu spôsobovala ťažkosti pri srdci.

Il avait foi en la force de Buck et le pensait capable.

Veril v Buckovu silu a myslel si, že je schopný.

Mais il n'avait jamais été confronté à ce genre de défi, pas comme celui-ci.

Ale nikdy nečelil takémuto druhu výzvy, nie takto.

Une douzaine d'hommes l'observaient tranquillement, attendant de voir ce qu'il allait faire.

Tucet mužov ho ticho sledovalo a čakalo, čo urobí.

Il n'avait pas d'argent, ni Hans ni Pete.

Nemal peniaze – ani Hans, ani Pete.

« J'ai un traîneau dehors », dit Matthewson froidement et directement.

„Mám vonku sane," povedal Matthewson chladne a priamo.

« Il est chargé de vingt sacs de cinquante livres chacun, tous de farine.

„Je naložené dvadsiatimi vrecami, každé po päťdesiat libier, samá múka."

« Alors ne laissez pas un traîneau manquant devenir votre excuse maintenant », a-t-il ajouté.

„Takže teraz nenechajte stratené sane byť vašou výhovorkou," dodal.

Thornton resta silencieux. Il ne savait pas quels mots lui dire.

Thornton mlčal. Nevedel, aké slová má povedať.

Il regarda les visages autour de lui sans les voir clairement.

Rozhliadol sa po tvárach, no jasne ich nevidel.

Il ressemblait à un homme figé dans ses pensées, essayant de redémarrer.

Vyzeral ako muž zamrznutý v myšlienkach, ktorý sa snaží reštartovať.

Puis il a vu Jim O'Brien, un ami de l'époque Mastodon.

Potom uvidel Jima O'Briena, priateľa z čias Mastodontov.

Ce visage familier lui a donné un courage qu'il ne savait pas avoir.

Tá známa tvár mu dodala odvahu, o ktorej nevedel, že ju má.

Il se tourna et demanda à voix basse : « Peux-tu me prêter mille ? »

Otočil sa a potichu sa spýtal: „Môžeš mi požičať tisíc?"

« Bien sûr », dit O'Brien, laissant déjà tomber un lourd sac près de l'or.

„Jasné," povedal O'Brien a už pri zlate pustil ťažké vrece.

« Mais honnêtement, John, je ne crois pas que la bête puisse faire ça. »

„Ale úprimne povedané, John, neverím, že by to tá beštia dokázala."

Tout le monde dans le Saloon Eldorado s'est précipité dehors pour voir l'événement.

Všetci v salóne Eldorado sa vyrútili von, aby sa pozreli na túto udalosť.

Ils ont laissé les tables et les boissons, et même les jeux ont été interrompus.

Opustili stoly a nápoje a dokonca aj hry boli pozastavené.

Les croupiers et les joueurs sont venus assister à la fin de ce pari audacieux.

Krupiéri a hazardní hráči prišli, aby boli svedkami konca odvážnej stávky.

Des centaines de personnes se sont rassemblées autour du traîneau dans la rue glacée.

Stovky ľudí sa zhromaždili okolo saní na zľadovatenej otvorenej ulici.

Le traîneau de Matthewson était chargé d'une charge complète de sacs de farine.

Matthewsonove sane stáli plné vriec múky.

Le traîneau était resté immobile pendant des heures à des températures négatives.

Sane stáli celé hodiny pri mínusových teplotách.

Les patins du traîneau étaient gelés et collés à la neige tassée.

Bežce saní boli pevne primrznuté k udupanému snehu.

Les hommes ont offert une cote de deux contre un que Buck ne pourrait pas déplacer le traîneau.

Muži stavili dva ku jednej, že Buck nedokáže pohnúť so saňami.

Une dispute a éclaté sur ce que signifiait réellement « sortir ».

Vypukol spor o to, čo vlastne znamená slovo „vypuknúť".

O'Brien a déclaré que Thornton devrait desserrer la base gelée du traîneau.

O'Brien povedal, že Thornton by mal uvoľniť zamrznutú základňu saní.

Buck pourrait alors « sortir » d'un départ solide et immobile.

Buck sa potom mohol „prelomiť" z pevného, nehybného štartu.

Matthewson a soutenu que le chien devait également libérer les coureurs.

Matthewson argumentoval, že pes musí tiež oslobodiť bežcov.

Les hommes qui avaient entendu le pari étaient d'accord avec le point de vue de Matthewson.

Muži, ktorí stávku počuli, súhlasili s Matthewsonovým názorom.

Avec cette décision, les chances sont passées à trois contre un contre Buck.

S týmto rozhodnutím sa kurz zvýšil na tri ku jednej proti Buckovi.

Personne ne s'est manifesté pour prendre en compte les chances croissantes de trois contre un.

Nikto sa nepohol dopredu, aby využil rastúci kurz tri ku jednej.

Pas un seul homme ne croyait que Buck pouvait accomplir un tel exploit.

Ani jeden muž neveril, že Buck dokáže tento veľký čin.

Thornton s'était précipité dans le pari, lourd de doutes.

Thorntona do stávky narýchlo vtiahli, premohol ho množstvo pochybností.

Il regarda alors le traîneau et l'attelage de dix chiens à côté.

Teraz sa pozrel na sane a desaťpsí záprah vedľa nich.

En voyant la réalité de la tâche, elle semblait encore plus impossible.

Keď som videl realitu úlohy, zdala sa mi ešte nemožnejšia.

Matthewson était plein de fierté et de confiance à ce moment-là.

Matthewson bol v tej chvíli plný hrdosti a sebavedomia.

« Trois contre un ! » cria-t-il. « Je parie mille de plus, Thornton !

„Tri ku jednej!" zakričal. „Stavím ďalších tisíc, Thornton!"

« Que dites-vous ? » ajouta-t-il, assez fort pour que tout le monde l'entende.

„Čo na to hovoríš?" dodal dostatočne hlasno, aby ho všetci počuli.

Le visage de Thornton exprimait ses doutes, mais son esprit s'était élevé.

Thorntonova tvár prezrádzala pochybnosti, ale jeho duch sa povzniesol.

Cet esprit combatif ignorait les probabilités et ne craignait rien du tout.

Ten bojový duch ignoroval prekážky a nebál sa vôbec ničoho.

Il a appelé Hans et Pete pour apporter tout leur argent sur la table.

Zavolal Hansa a Peta, aby priniesli všetky svoje peniaze.

Il ne leur restait plus grand-chose : seulement deux cents dollars au total.

Zostalo im málo – spolu len dvesto dolárov.

Cette petite somme représentait toute leur fortune pendant les temps difficiles.

Táto malá suma predstavovala ich celkový majetok v ťažkých časoch.

Pourtant, ils ont misé toute leur fortune contre le pari de Matthewson.

Napriek tomu vsadili všetok svoj majetok na Matthewsonovu stávku.

L'attelage de dix chiens a été dételé et éloigné du traîneau.

Desaťpsí záprah bol odpriahnutý a pohol sa od saní.

Buck a été placé dans les rênes, portant son harnais familier.

Bucka posadili do opraty a obliekli si jeho známy postroj.

Il avait capté l'énergie de la foule et ressenti la tension.

Zachytil energiu davu a cítil napätie.

D'une manière ou d'une autre, il savait qu'il devait faire quelque chose pour John Thornton.

Nejako vedel, že pre Johna Thorntona musí niečo urobiť.

Les gens murmuraient avec admiration devant la fière silhouette du chien.

Ľudia s obdivom šepkali nad hrdou postavou psa.

Il était mince et fort, sans une seule once de chair supplémentaire.

Bol štíhly a silný, bez jediného kúska mäsa navyše.

Son poids total de cent cinquante livres n'était que puissance et endurance.

Jeho celková váha stopäťdesiat libier bola samá sila a vytrvalosť.

Le pelage de Buck brillait comme de la soie, épais de santé et de force.

Buckov kabát sa leskol ako hodváb, hustý zdravím a silou.

La fourrure le long de son cou et de ses épaules semblait se soulever et se hérisser.

Srsť pozdĺž krku a ramien sa mu akoby zježila a naježila.

Sa crinière bougeait légèrement, chaque cheveu vivant de sa grande énergie.

Jeho hriva sa mierne pohla, každý vlas ožil jeho obrovskou energiou.

Sa large poitrine et ses jambes fortes correspondaient à sa silhouette lourde et robuste.

Jeho široký hrudník a silné nohy ladili s jeho mohutnou, tvrdou postavou.

Des muscles ondulaient sous son manteau, tendus et fermes comme du fer lié.

Svaly sa mu pod kabátom vlnili, napäté a pevné ako spoutané železo.

Les hommes le touchaient et juraient qu'il était bâti comme une machine en acier.

Muži sa ho dotýkali a prisahali, že je stavaný ako oceľový stroj.

Les chances ont légèrement baissé à deux contre un contre le grand chien.

Kurz mierne klesol na dva ku jednej proti skvelému psovi.

Un homme des bancs de Skookum s'avança en bégayant.

Muž zo Skookumových lavičiek sa koktavým krokom predtiahol dopredu.

« Bien, monsieur ! J'offre huit cents pour lui – avant l'examen, monsieur ! »

„Dobre, pane! Ponúkam za neho osemsto – pred skúškou, pane!"

« Huit cents, tel qu'il est en ce moment ! » insista l'homme.

„Osemsto, ako teraz stojí!" trval na svojom muž.

Thornton s'avança, sourit et secoua calmement la tête.

Thornton vystúpil dopredu, usmial sa a pokojne pokrútil hlavou.

Matthewson est rapidement intervenu avec une voix d'avertissement et un froncement de sourcils.

Matthewson rýchlo zasiahol varovným hlasom a zamračil sa.

« Éloignez-vous de lui », dit-il. « Laissez-lui de l'espace. »

„Musíš od neho odstúpiť," povedal. „Daj mu priestor."

La foule se tut ; seuls les joueurs continuaient à miser deux contre un.

Dav stíchol; iba hazardní hráči stále kládli stávky dva ku jednému.

Tout le monde admirait la carrure de Buck, mais la charge semblait trop lourde.

Všetci obdivovali Buckovu postavu, ale náklad vyzeral príliš veľký.

Vingt sacs de farine, pesant chacun cinquante livres, semblaient beaucoup trop.

Dvadsať vriec múky – každé s hmotnosťou päťdesiat libier – sa zdalo priveľa.

Personne n'était prêt à ouvrir sa bourse et à risquer son argent.

Nikto nebol ochotný otvoriť si mešec a riskovať svoje peniaze.

Thornton s'agenouilla à côté de Buck et prit sa tête à deux mains.

Thornton si kľakol vedľa Bucka a chytil mu hlavu do oboch dlaní.

Il pressa sa joue contre celle de Buck et lui parla à l'oreille.

Pritlačil líce k Buckovmu a povedal mu do ucha.

Il n'y avait plus de secousses enjouées ni d'insultes affectueuses murmurées.

Teraz sa neozvali žiadne hravé trasenie ani šepkané láskyplné urážky.

Il murmura simplement doucement : « Autant que tu m'aimes, Buck. »

Len potichu zamrmlal: „Rovnako ako ma miluješ, Buck."

Buck émit un gémissement silencieux, son impatience à peine contenue.

Buck ticho zakňučal, ledva potlačiac svoju nedočkavosť.

Les spectateurs observaient avec curiosité la tension qui emplissait l'air.

Prizerajúci sa so zvedavosťou sledovali, ako sa vzduchom šíri napätie.

Le moment semblait presque irréel, comme quelque chose qui dépassait la raison.

Ten okamih sa zdal takmer neskutočný, ako niečo nadprirodzené.

Lorsque Thornton se leva, Buck prit doucement sa main dans ses mâchoires.

Keď Thornton vstal, Buck mu jemne vzal ruku do čeľuste.

Il appuya avec ses dents, puis relâcha lentement et doucement.

Zatlačil zubami a potom pomaly a jemne pustil.

C'était une réponse silencieuse d'amour, non prononcée, mais comprise.

Bola to tichá odpoveď lásky, nevyslovená, ale pochopená.

Thornton s'éloigna du chien et donna le signal.

Thornton ustúpil ďaleko od psa a dal znamenie.

« Maintenant, Buck », dit-il, et Buck répondit avec un calme concentré.

„No tak, Buck," povedal a Buck odpovedal so sústredeným pokojom.

Buck a resserré les traces, puis les a desserrées de quelques centimètres.

Buck najprv utiahol šnúry a potom ich o pár centimetrov povoľil.

C'était la méthode qu'il avait apprise ; sa façon de briser le traîneau.

Toto bola metóda, ktorú sa naučil; jeho spôsob, ako rozbiť sane.

« Tiens ! » cria Thornton, sa voix aiguë dans le silence pesant.

„Páni!" zakričal Thornton ostrým hlasom v ťažkom tichu.

Buck se tourna vers la droite et se jeta de tout son poids.

Buck sa otočil doprava a vrhol sa celou svojou váhou.

Le mou disparut et toute la masse de Buck heurta les lignes serrées.

Vôľa zmizla a Buckova celá hmotnosť dopadla na úzke koľajnice.

Le traîneau tremblait et les patins émettaient un bruit de crépitement.

Sane sa triasli a klzáky vydali ostrý praskavý zvuk.

« Haw ! » ordonna Thornton, changeant à nouveau la direction de Buck.

„Hau!" prikázal Thornton a opäť zmenil Buckov smer.

Buck répéta le mouvement, cette fois en tirant brusquement vers la gauche.

Buck zopakoval pohyb, tentoraz prudko potiahol doľava.

Le traîneau craquait plus fort, les patins claquaient et se déplaçaient.

Sane praskali hlasnejšie, klzáky cvakali a posúvali sa.

La lourde charge glissait légèrement latéralement sur la neige gelée.

Ťažký náklad sa mierne kĺzal do strany po zamrznutom snehu.

Le traîneau s'était libéré de l'emprise du sentier glacé !

Sane sa vytrhli zo zovretia zľadovatenej cesty!

Les hommes retenaient leur souffle, ignorant qu'ils ne respiraient même pas.

Muži zadržiavali dych, neuvedomujúc si, že ani nedýchajú.

« Maintenant, TIREZ ! » cria Thornton à travers le silence glacial.

„Teraz ŤAHAJ!" zakričal Thornton cez zamrznuté ticho.

L'ordre de Thornton résonna fort, comme le claquement d'un fouet.

Thorntonov rozkaz zaznel ostro, ako prasknutie biča.

Buck se jeta en avant avec un mouvement violent et saccadé.

Buck sa prudkým a prudkým výpadom vrhol dopredu.

Tout son corps se tendit et se contracta sous l'énorme tension.

Celé jeho telo sa naplo a sploštilo pri obrovskom tlaku.

Des muscles ondulaient sous sa fourrure comme des serpents prenant vie.

Svaly sa mu pod srsťou vlnili ako ožívajúce hady.

Sa large poitrine était basse, la tête tendue vers l'avant en direction du traîneau.

Jeho mohutná hruď bola nízka, hlava natiahnutá dopredu k saniam.

Ses pattes bougeaient comme l'éclair, ses griffes tranchant le sol gelé.

Jeho laby sa pohybovali ako blesk, pazúry prerezávali zamrznutú zem.

Des rainures ont été creusées profondément alors qu'il luttait pour chaque centimètre de traction.

Drážky sa mu vyrezávali hlboko, keď bojoval o každý centimeter trakcie.

Le traîneau se balança, trembla et commença un mouvement lent et agité.

Sane sa hojdali, triasli a začali sa pomaly, nepokojne pohybovať.

Un pied a glissé et un homme dans la foule a gémi à haute voix.

Jedna noha sa mu pošmykla a muž v dave hlasno zastonal.

Puis le traîneau s'élança en avant dans un mouvement saccadé et brusque.

Potom sa sane trhavým, drsným pohybom vyrazili dopredu.

Cela ne s'est pas arrêté à nouveau - un demi-pouce... un pouce... deux pouces de plus.

Znovu sa to nezastavilo – o pol palca... o palec... o dva palce viac.

Les secousses devinrent plus faibles à mesure que le traîneau commençait à prendre de la vitesse.

Trhnutia sa zmenšovali, keď sane začali zrýchľovať.

Bientôt, Buck tirait avec une puissance douce et régulière.

Buck čoskoro ťahal s hladkou, rovnomernou a valivou silou.

Les hommes haletèrent et finirent par se rappeler de respirer à nouveau.

Muži zalapali po dychu a nakoniec si spomenuli, že musia znova dýchať.

Ils n'avaient pas remarqué que leur souffle s'était arrêté de stupeur.

Nevšimli si, že sa im od úžasu zastavil dych.

Thornton courait derrière, lançant des ordres courts et joyeux.

Thornton bežal za ním a vykrikoval krátke, veselé povely.

Devant nous se trouvait une pile de bois de chauffage qui marquait la distance.

Pred nami bola kopa palivového dreva, ktorá označovala vzdialenosť.

Alors que Buck s'approchait du tas, les acclamations devenaient de plus en plus fortes.

Ako sa Buck blížil k hromade, jasot bol čoraz hlasnejší.

Les acclamations se sont transformées en rugissement lorsque Buck a dépassé le point d'arrivée.

Keď Buck prešiel cieľovou stanicou, jasot sa premenil na rev.

Les hommes ont sauté et crié, même Matthewson a esquissé un sourire.

Muži skákali a kričali, dokonca aj Matthewson sa uškrnul.

Les chapeaux volaient dans les airs, les mitaines étaient lancées sans réfléchir ni viser.

Klobúky lietali do vzduchu, palčiaky boli hádzané bez rozmyslu a cieľa.

Les hommes se sont attrapés et se sont serré la main sans savoir à qui.

Muži sa chytili a podali si ruky bez toho, aby vedeli komu.

Toute la foule bourdonnait d'une célébration folle et joyeuse.

Celý dav bzučal v divokej, radostnej oslave.

Thornton tomba à genoux à côté de Buck, les mains tremblantes.

Thornton s trasúcimi sa rukami kľakol vedľa Bucka.

Il pressa sa tête contre celle de Buck et le secoua doucement d'avant en arrière.

Pritlačil hlavu k Buckovej a jemne ňou potriasol sem a tam.

Ceux qui s'approchaient l'entendaient maudire le chien avec un amour silencieux.

Tí, ktorí sa priblížili, ho počuli, ako s tichou láskou preklínal psa.

Il a insulté Buck pendant un long moment, doucement, chaleureusement, avec émotion.

Dlho nadával Buckovi – jemne, vrúcne, s dojatím.

« Bien, monsieur ! Bien, monsieur ! » s'écria précipitamment le roi du Banc Skookum.

„Výborne, pane! Výborne, pane!" zvolal kráľ Skookumovej lavičky v návale.

« Je vous donne mille, non, douze cents, pour ce chien, monsieur ! »

„Dám vám tisíc – nie, dvesto dvanásť – za toho psa, pane!"

Thornton se leva lentement, les yeux brillants d'émotion.

Thornton sa pomaly postavil na nohy, oči mu žiarili emóciami.

Les larmes coulaient ouvertement sur ses joues sans aucune honte.

Slzy mu tiekli prúdom po lícach bez akéhokoľvek hanby.

« Monsieur », dit-il au roi du banc Skookum, ferme et posé.

„Pane," povedal kráľovi lavičky Skookum pokojne a pevne

« Non, monsieur. Allez au diable, monsieur. C'est ma réponse définitive. »

„Nie, pane. Môžete ísť do pekla, pane. To je moja konečná odpoveď."

Buck attrapa doucement la main de Thornton dans ses mâchoires puissantes.

Buck jemne chytil Thorntonovu ruku do svojich silných čeľustí.

Thornton le secoua de manière enjouée, leur lien étant plus profond que jamais.

Thornton ním hravo potriasol, ich puto bolo hlboké ako vždy.

La foule, émue par l'instant, recula en silence.

Dav, dojatý okamihom, mlčky cúvol.

Dès lors, personne n'osa interrompre cette affection si sacrée.

Odvtedy sa nikto neodvážil prerušiť túto posvätnú náklonnosť.

Le son de l'appel
Zvuk volania

Buck avait gagné seize cents dollars en cinq minutes.
Buck zarobil tisícšesťsto dolárov za päť minút.
Cet argent a permis à John Thornton de payer une partie de ses dettes.
Tieto peniaze umožnili Johnovi Thorntonovi splatiť časť jeho dlhov.
Avec le reste de l'argent, il se dirigea vers l'Est avec ses partenaires.
So zvyškom peňazí sa so svojimi partnermi vydal na východ.
Ils cherchaient une mine perdue légendaire, aussi vieille que le pays lui-même.
Hľadali legendárnu stratenú baňu, starú ako samotná krajina.
Beaucoup d'hommes avaient cherché la mine, mais peu l'avaient trouvée.
Mnoho mužov hľadalo baňu, ale len málo z nich ju našlo.
Plus d'un homme avait disparu au cours de cette quête dangereuse.
Počas nebezpečnej výpravy zmizlo viac ako niekoľko mužov.
Cette mine perdue était enveloppée à la fois de mystère et d'une vieille tragédie.
Táto stratená baňa bola zahalená tajomstvom aj starou tragédiou.
Personne ne savait qui avait été le premier homme à découvrir la mine.
Nikto nevedel, kto bol prvým mužom, ktorý objavil baňu.
Les histoires les plus anciennes ne mentionnent personne par son nom.
Najstaršie príbehy nespomínajú nikoho menom.
Il y avait toujours eu là une vieille cabane délabrée.
Vždy tam stála stará schátraná chatrč.
Des hommes mourants avaient juré qu'il y avait une mine à côté de cette vieille cabane.
Umierajúci muži prisahali, že vedľa tej starej chatrče je baňa.

Ils ont prouvé leurs histoires avec de l'or comme on n'en trouve nulle part ailleurs.

Svoje príbehy dokázali zlatom, aké sa inde nenašlo.

Aucune âme vivante n'avait jamais pillé le trésor de cet endroit.

Žiadna živá duša nikdy neukradla poklad z toho miesta.

Les morts étaient morts, et les morts ne racontent pas d'histoires.

Mŕtvi boli mŕtvi a mŕtvi muži nerozprávajú žiadne príbehy.

Thornton et ses amis se dirigèrent donc vers l'Est.

Thornton a jeho priatelia sa teda vydali na východ.

Pete et Hans se sont joints à eux, amenant Buck et six chiens forts.

Pete a Hans sa pridali a priviedli Bucka a šesť silných psov.

Ils se sont lancés sur un chemin inconnu là où d'autres avaient échoué.

Vydali sa neznámou cestou, kde iní zlyhali.

Ils ont parcouru soixante-dix milles en traîneau sur le fleuve Yukon gelé.

Sánkovali sa sedemdesiat míľ po zamrznutej rieke Yukon.

Ils tournèrent à gauche et suivirent le sentier jusqu'au Stewart.

Odbočili doľava a sledovali chodník do rieky Stewart.

Ils passèrent le Mayo et le McQuestion, poursuivant leur route.

Minuli Mayo a McQuestion a pokračovali ďalej.

Le Stewart s'est rétréci en un ruisseau, traversant des pics déchiquetés.

Rieka Stewart sa scvrkla na potok, vinúc sa cez ostré štíty.

Ces pics acérés marquaient l'épine dorsale même du continent.

Tieto ostré vrcholy označovali samotnú chrbticu kontinentu.

John Thornton exigeait peu des hommes ou de la nature sauvage.

John Thornton od ľudí ani od divočiny veľa nevyžadoval.

Il ne craignait rien dans la nature et affrontait la nature sauvage avec aisance.

V prírode sa nebál ničoho a divočine čelil s ľahkosťou.

Avec seulement du sel et un fusil, il pouvait voyager où il le souhaitait.

Len so soľou a puškou mohol cestovať, kam chcel.

Comme les indigènes, il chassait de la nourriture pendant ses voyages.

Rovnako ako domorodci, aj on počas cesty lovil potravu.

S'il n'attrapait rien, il continuait, confiant en la chance qui l'attendait.

Ak nič nechytil, pokračoval ďalej a dôveroval šťastiu.

Au cours de ce long voyage, la viande était la principale nourriture qu'ils mangeaient.

Na tejto dlhej ceste jedli hlavne mäso.

Le traîneau contenait des outils et des munitions, mais aucun horaire strict.

Sane niesli náradie a muníciu, ale nebol stanovený žiadny prísny časový harmonogram.

Buck adorait cette errance, la chasse et la pêche sans fin.

Buck miloval toto putovanie; nekonečný lov a rybolov.

Pendant des semaines, ils ont voyagé jour après jour.

Celé týždne cestovali deň za dňom.

D'autres fois, ils établissaient des camps et restaient immobiles pendant des semaines.

Inokedy si postavili tábory a zostali tam celé týždne.

Les chiens se reposaient pendant que les hommes creusaient dans la terre gelée.

Psy odpočívali, zatiaľ čo muži sa prehrabávali zamrznutou hlinou.

Ils chauffaient des poêles sur des feux et cherchaient de l'or caché.

Zohrievali panvice na ohni a hľadali skryté zlato.

Certains jours, ils souffraient de faim, et d'autres jours, ils faisaient des festins.

Niektoré dni hladovali a niektoré dni mali hostiny.

Leurs repas dépendaient du gibier et de la chance de la chasse.

Ich jedlo záviselo od zveri a šťastia pri love.

Quand l'été arrivait, les hommes et les chiens chargeaient des charges sur leur dos.

Keď prišlo leto, muži a psy si naložili bremená na chrbty.

Ils ont fait du rafting sur des lacs bleus cachés dans des forêts de montagne.

Splavovali modré jazerá ukryté v horských lesoch.

Ils naviguaient sur des bateaux minces sur des rivières qu'aucun homme n'avait jamais cartographiées.

Plavili sa na úzkych loďkách po riekach, ktoré nikto nikdy nezmapoval.

Ces bateaux ont été construits à partir d'arbres sciés dans la nature.

Tie lode boli postavené zo stromov, ktoré pílili vo voľnej prírode.

Les mois passèrent et ils sillonnèrent des terres sauvages et inconnues.

Mesiace plynuli a oni sa kľukato predierali divokou neznámou krajinou.

Il n'y avait pas d'hommes là-bas, mais de vieilles traces suggéraient qu'il y en avait eu.

Neboli tam žiadni muži, no staré stopy naznačovali, že tam boli.

Si la Cabane Perdue était réelle, alors d'autres étaient déjà passés par là.

Ak Stratená chata bola skutočná, potom tadiaľto kedysi prešli aj iní.

Ils traversaient des cols élevés dans des blizzards, même pendant l'été.

Prechádzali cez vysoké priesmyky vo snehových búrkach, dokonca aj v lete.

Ils frissonnaient sous le soleil de minuit sur les pentes nues des montagnes.

Triasli sa pod polnočným slnkom na holých horských svahoch.

Entre la limite des arbres et les champs de neige, ils montaient lentement.

Medzi hranicou lesa a snehovými poľami pomaly stúpali.

Dans les vallées chaudes, ils écrasaient des nuages de moucherons et de mouches.

V teplých údoliach odháňali mračná komárov a múch.

Ils cueillaient des baies sucrées près des glaciers en pleine floraison estivale.

Zbierali sladké bobule blízko ľadovcov v plnom letnom kvete.

Les fleurs qu'ils ont trouvées étaient aussi belles que celles du Southland.

Kvety, ktoré našli, boli rovnako krásne ako tie v Juhu.

Cet automne-là, ils atteignirent une région solitaire remplie de lacs silencieux.

Na jeseň dorazili do opusteného kraja plného tichých jazier.

La terre était triste et vide, autrefois pleine d'oiseaux et de bêtes.

Krajina bola smutná a prázdna, kedysi plná vtákov a zvierat.

Il n'y avait plus de vie, seulement le vent et la glace qui se formait dans les flaques.

Teraz tam nebol žiadny život, len vietor a ľad tvoriaci sa v jazierkach.

Les vagues s'écrasaient sur les rivages déserts avec un son doux et lugubre.

Vlny sa s jemným, smútočným zvukom narážali na prázdne brehy.

Un autre hiver arriva et ils suivirent à nouveau de vieux sentiers lointains.

Prišla ďalšia zima a oni opäť sledovali slabé, staré stopy.

C'étaient les traces d'hommes qui les avaient cherchés bien avant eux.

Boli to stopy mužov, ktorí hľadali dávno pred nimi.

Un jour, ils trouvèrent un chemin creusé profondément dans la forêt sombre.

Raz našli chodník vyrezaný hlboko do tmavého lesa.

C'était un vieux sentier, et ils sentaient que la cabane perdue était proche.

Bol to starý chodník a mali pocit, že stratená chata je blízko.

Mais le sentier ne menait nulle part et s'enfonçait dans les bois épais.

Ale chodník nikam neviedol a mizol v hustom lese.

Personne ne savait qui avait fait ce sentier et pourquoi.

Ktokoľvek vybudoval chodník a prečo ho vybudoval, nikto nevedel.

Plus tard, ils ont trouvé l'épave d'un lodge caché parmi les arbres.

Neskôr našli vrak chaty ukrytý medzi stromami.

Des couvertures pourries gisaient éparpillées là où quelqu'un avait dormi.

Tam, kde kedysi niekto spal, ležali rozhnité prikrývky.

John Thornton a trouvé un fusil à silex à long canon enterré à l'intérieur.

John Thornton našiel vo vnútri zakopanú kresadlovú zbraň s dlhou hlavňou.

Il savait qu'il s'agissait d'un fusil de la Baie d'Hudson depuis les premiers jours de son commerce.

Vedel, že ide o delo z Hudsonovho zálivu už od začiatkov obchodovania.

À cette époque, ces armes étaient échangées contre des piles de peaux de castor.

V tých časoch sa takéto zbrane vymieňali za kopy bobrích koží.

C'était tout : il ne restait aucune trace de l'homme qui avait construit le lodge.

To bolo všetko – nezostala žiadna stopa po mužovi, ktorý postavil chatu.

Le printemps est revenu et ils n'ont trouvé aucun signe de la Cabane Perdue.

Jar prišla znova a po Stratenej chate nenašli ani stopu.

Au lieu de cela, ils trouvèrent une large vallée avec un ruisseau peu profond.

Namiesto toho našli široké údolie s plytkým potokom.

L'or recouvrait le fond des casseroles comme du beurre jaune et lisse.

Zlato ležalo na dne panvíc ako hladké žlté maslo.

Ils s'arrêtèrent là et ne cherchèrent plus la cabane.

Zastavili sa tam a ďalej nehľadali chatu.

Chaque jour, ils travaillaient et trouvaient des milliers de pièces d'or en poudre.

Každý deň pracovali a nachádzali tisíce v zlatom prachu.

Ils ont emballé l'or dans des sacs de peau d'élan, de cinquante livres chacun.

Zlato balili do vriec z losej kože, každé s hmotnosťou päťdesiat libier.

Les sacs étaient empilés comme du bois de chauffage à l'extérieur de leur petite loge.

Vrecia boli naukladané ako drevo na kúrenie pred ich malou chatkou.

Ils travaillaient comme des géants et les jours passaient comme des rêves rapides.

Pracovali ako obri a dni ubiehali ako rýchle sny.

Ils ont amassé des trésors au fil des jours sans fin.

Zhromažďovali poklady, zatiaľ čo nekonečné dni rýchlo ubiehali.

Les chiens n'avaient pas grand-chose à faire, à part transporter de la viande de temps en temps.

Psy nemali veľa čo robiť, okrem toho, že občas nosili mäso.

Thornton chassait et tuait le gibier, et Buck restait allongé près du feu.

Thornton lovil a zabíjal zver a Buck ležal pri ohni.

Il a passé de longues heures en silence, perdu dans ses pensées et ses souvenirs.

Trávil dlhé hodiny v tichu, ponorený do myšlienok a spomienok.

L'image de l'homme poilu revenait de plus en plus souvent à l'esprit de Buck.

Buckovi sa čoraz častejšie vynárala predstava chlpatého muža.

Maintenant que le travail se faisait rare, Buck rêvait en clignant des yeux devant le feu.

Teraz, keď bolo práce málo, Buck sníval a žmurkal do ohňa.

Dans ces rêves, Buck errait avec l'homme dans un autre monde.

V tých snoch sa Buck túlal s mužom v inom svete.

La peur semblait être le sentiment le plus fort dans ce monde lointain.

Strach sa zdal byť najsilnejším pocitom v tom vzdialenom svete.

Buck vit l'homme poilu dormir avec la tête baissée.

Buck videl chlpatého muža spať so sklonenou hlavou.

Ses mains étaient jointes et son sommeil était agité et interrompu.

Ruky mal zovreté a spánok nepokojný a prerušovaný.

Il se réveillait en sursaut et regardait avec crainte dans le noir.

Zvykol sa s trhnutím zobudiť a vystrašene hľadieť do tmy.

Ensuite, il jetait plus de bois sur le feu pour garder la flamme vive.

Potom prihádzal do ohňa viac dreva, aby plameň stále horel.

Parfois, ils marchaient le long d'une plage au bord d'une mer grise et infinie.

Niekedy sa prechádzali po pláži pri sivom, nekonečnom mori.

L'homme poilu ramassait des coquillages et les mangeait en marchant.

Chlpatý muž si zbieral mäkkýše a jedol ich počas chôdze.

Ses yeux cherchaient toujours des dangers cachés dans l'ombre.

Jeho oči neustále hľadali skryté nebezpečenstvá v tieňoch.

Ses jambes étaient toujours prêtes à sprinter au premier signe de menace.

Jeho nohy boli vždy pripravené šprintovať pri prvom náznaku ohrozenia.

Ils rampaient à travers la forêt, silencieux et méfiants, côte à côte.

Plazili sa lesom, ticho a ostražito, bok po boku.

Buck le suivit sur ses talons, et tous deux restèrent vigilants.

Buck ho nasledoval v pätách a obaja zostali ostražití.

Leurs oreilles frémissaient et bougeaient, leurs nez reniflaient l'air.

Uši im mykali a hýbali sa, nosy oňuchávali vzduch.

L'homme pouvait entendre et sentir la forêt aussi intensément que Buck.

Muž počul a cítil les rovnako ostro ako Buck.

L'homme poilu se balançait à travers les arbres avec une vitesse soudaine.

Chlpatý muž sa s náhlou rýchlosťou prehnal pomedzi stromy.

Il sautait de branche en branche, sans jamais lâcher prise.

Skákal z konára na konár a nikdy sa nestratil zovretia.

Il se déplaçait aussi vite au-dessus du sol que sur celui-ci.

Pohyboval sa nad zemou rovnako rýchlo ako po nej.

Buck se souvenait des longues nuits passées sous les arbres, à veiller.

Buck si spomenul na dlhé noci pod stromami, keď strážil.

L'homme dormait perché dans les branches, s'accrochant fermement.

Muž spal schúlený v konároch a pevne sa ich držal.

Cette vision de l'homme poilu était étroitement liée à l'appel des profondeurs.

Táto vízia chlpatého muža bola úzko spätá s hlbokým volaním.

L'appel résonnait toujours à travers la forêt avec une force obsédante.

Volanie stále znelo lesom s prenikavou silou.

L'appel remplit Buck de désir et d'un sentiment de joie incessant.

Hovor naplnil Bucka túžbou a nepokojným pocitom radosti.

Il ressentait d'étranges pulsions et des frémissements qu'il ne pouvait nommer.

Cítil zvláštne nutkania a impulzy, ktoré nevedel pomenovať.

Parfois, il suivait l'appel au plus profond des bois tranquilles.

Niekedy nasledoval volanie hlboko do tichého lesa.

Il cherchait l'appel, aboyant doucement ou fort au fur et à mesure.

Hľadal volanie, štekajúc potichu alebo ostro, ako sa pohyboval.

Il renifla la mousse et la terre noire où poussaient les herbes.

Ovoňal mach a čiernu pôdu, kde rástli trávy.

Il renifla de plaisir aux riches odeurs de la terre profonde.

Od slastného odfrkol pri pohľade na bohatú vôňu hlbokej zeme.

Il s'est accroupi pendant des heures derrière des troncs couverts de champignons.

Hodiny sa krčil za kmeňmi pokrytými plesňou.

Il resta immobile, écoutant les yeux écarquillés chaque petit bruit.

Zostal nehybne stáť a s doširoka otvorenými očami načúval každému najmenšiemu zvuku.

Il espérait peut-être surprendre la chose qui avait lancé l'appel.

Možno dúfal, že prekvapí tú vec, ktorá zavolala.

Il ne savait pas pourquoi il agissait de cette façon, il le faisait simplement.

Nevedel, prečo sa takto správal – jednoducho sa správal.

Les pulsions venaient du plus profond de moi, au-delà de la pensée ou de la raison.

Tie nutkania prichádzali z hĺbky vnútra, z diaľky, spoza myslenia či rozumu.

Des envies irrésistibles s'emparèrent de Buck sans avertissement ni raison.

Bucka sa zmocnili neodolateľné nutkania bez varovania a bezdôvodne.

Parfois, il somnolait paresseusement dans le camp sous la chaleur de midi.

Občas lenivo driemal v tábore v poludňajšej horúčave.

Soudain, sa tête se releva et ses oreilles se dressèrent en alerte.

Zrazu zdvihol hlavu a nastražil uši.

Puis il se leva d'un bond et se précipita dans la nature sans s'arrêter.

Potom vyskočil a bez zastavenia sa rozbehol do divočiny.

Il a couru pendant des heures à travers les sentiers forestiers et les espaces ouverts.

Hodiny behal lesnými chodníkmi a otvorenými priestranstvami.

Il aimait suivre les lits des ruisseaux asséchés et espionner les oiseaux dans les arbres.

Rád sledoval vyschnuté korytá potokov a pozoroval vtáky v korunách stromov.

Il pouvait rester caché toute la journée, à regarder les perdrix se pavaner.

Mohol by ležať skrytý celý deň a sledovať jarabice, ako sa prechádzajú okolo.

Ils tambourinaient et marchaient, inconscients de la présence de Buck.

Bubnovali a pochodovali, nevnímajúc Buckovu stále prítomnosť.

Mais ce qu'il aimait le plus, c'était courir au crépuscule en été.

Ale najviac miloval beh za súmraku v lete.

La faible lumière et les bruits endormis de la forêt le remplissaient de joie.

Tlmené svetlo a ospalé lesné zvuky ho napĺňali radosťou.

Il lisait les panneaux forestiers aussi clairement qu'un homme lit un livre.

Čítal lesné znaky rovnako jasne, ako človek číta knihu.

Et il cherchait toujours la chose étrange qui l'appelait.

A stále hľadal tú zvláštnu vec, ktorá ho volala.

Cet appel ne s'est jamais arrêté : il l'atteignait qu'il soit éveillé ou endormi.

To volanie nikdy neprestávalo – dosahovalo ho, či už bol bdelý alebo spal.

Une nuit, il se réveilla en sursaut, les yeux perçants et les oreilles hautes.

Jednej noci sa s trhnutím zobudil, s ostrým zrakom a nastraženými ušami.

Ses narines se contractaient tandis que sa crinière se dressait en vagues.

Nozdry sa mu mykli, keď sa mu hriva vlnila.

Du plus profond de la forêt, le son résonna à nouveau, le vieil appel.

Z hlboka lesa sa opäť ozval zvuk, staré volanie.

Cette fois, le son résonnait clairement, un hurlement long, obsédant et familier.

Tentoraz zvuk zaznel jasne, dlhé, prenikavé, známe zavýjanie.

C'était comme le cri d'un husky, mais d'un ton étrange et sauvage.

Bolo to ako krik huskyho, ale zvláštny a divoký tón.

Buck reconnut immédiatement le son – il avait entendu exactement le même son depuis longtemps.

Buck ten zvuk hneď spoznal – presne ten istý zvuk počul už dávno.

Il sauta à travers le camp et disparut rapidement dans les bois.

Preskočil tábor a rýchlo zmizol v lese.

Alors qu'il s'approchait du bruit, il ralentit et se déplaça avec précaution.

Ako sa blížil k zvuku, spomalil a pohyboval sa opatrne.

Bientôt, il atteignit une clairière entre d'épais pins.

Čoskoro dorazil na čistinku medzi hustými borovicami.

Là, debout sur ses pattes arrière, était assis un loup des bois grand et maigre.

Tam, vzpriamene na zadných nohách, sedel vysoký, štíhly lesný vlk.

Le nez du loup pointait vers le ciel, résonnant toujours de l'appel.

Vlčí ňufák smeroval k nebu a stále odrážal volanie.

Buck n'avait émis aucun son, mais le loup s'arrêta et écouta.

Buck nevydal ani hlásku, no vlk sa zastavil a načúval.

Sentant quelque chose, le loup se tendit, scrutant l'obscurité.

Vlk niečo vycítil, napol sa a hľadal v tme.

Buck apparut en rampant, le corps bas, les pieds immobiles sur le sol.

Buck sa vkradol do zorného poľa, telom pri zemi, nohy ticho na zemi.

Sa queue était droite, son corps enroulé sous la tension.

Jeho chvost bol rovný, telo pevne stočené napätím.

Il a montré à la fois une menace et une sorte d'amitié brutale.

Prejavoval hrozbu aj akési drsné priateľstvo.

C'était le salut prudent partagé par les bêtes sauvages.

Bol to ostražitý pozdrav, aký zdieľajú divé zvieratá.

Mais le loup se retourna et s'enfuit dès qu'il vit Buck.

Ale vlk sa otočil a utiekol hneď ako zbadal Bucka.

Buck se lança à sa poursuite, sautant sauvagement, désireux de le rattraper.

Buck ho prenasledoval, divoko skákal a dychtivo ho dobehol.

Il suivit le loup dans un ruisseau asséché bloqué par un embâcle.

Nasledoval vlka do vyschnutého potoka, ktorý zablokovala drevená zápcha.

Acculé, le loup se retourna et tint bon.

Zahnaný do kúta, vlk sa otočil a zostal stáť na mieste.

Le loup grognait et claquait comme un chien husky pris au piège dans un combat.

Vlk zavrčal a šľahal ako chytený husky v boji.

Les dents du loup claquaient rapidement, son corps se hérissant d'une fureur sauvage.

Vlčie zuby rýchlo cvakali a telo mu sršalo divokou zúrivosťou.

Buck n'attaqua pas mais encercla le loup avec une gentillesse prudente.

Buck nezaútočil, ale s opatrnou a priateľskou starostlivosťou obišiel vlka.

Il a essayé de bloquer sa fuite par des mouvements lents et inoffensifs.

Snažil sa mu zablokovať únik pomalými, neškodnými pohybmi.

Le loup était méfiant et effrayé : Buck le dépassait trois fois.

Vlk bol ostražitý a vystrašený – Buck ho trikrát prevážil.

La tête du loup atteignait à peine l'épaule massive de Buck.

Vlčia hlava sotva siahala Buckovi po mohutné plece.

À l'affût d'une brèche, le loup s'est enfui et la poursuite a repris.

Vlk hľadal medzeru, utiekol a naháňačka sa začala znova.

Plusieurs fois, Buck l'a coincé et la danse s'est répétée.

Buck ho niekoľkokrát zahnal do kúta a tanec sa opakoval.

Le loup était maigre et faible, sinon Buck n'aurait pas pu l'attraper.

Vlk bol chudý a slabý, inak by ho Buck nemohol chytiť.

Chaque fois que Buck s'approchait, le loup se retournait et lui faisait face avec peur.

Zakaždým, keď sa Buck priblížil, vlk sa otočil a vystrašene sa mu postavil tvárou v tvár.

Puis, à la première occasion, il s'est précipité dans les bois une fois de plus.

Potom pri prvej príležitosti opäť utekal do lesa.

Mais Buck n'a pas abandonné et finalement le loup a fini par lui faire confiance.

Ale Buck sa nevzdal a vlk mu nakoniec začal dôverovať.

Il renifla le nez de Buck, et les deux devinrent joueurs et alertes.

Ovoňal Buckov nos a obaja sa hravo a ostražito zahrial.

Ils jouaient comme des animaux sauvages, féroces mais timides dans leur joie.

Hrali sa ako divé zvieratá, divoké, no zároveň plaché vo svojej radosti.

Au bout d'un moment, le loup s'éloigna au trot avec un calme déterminé.

Po chvíli vlk s pokojným a cieľavedomým odklusom odišiel.

Il a clairement montré à Buck qu'il voulait être suivi.

Jasne Buckovi ukázal, že ho chce sledovať.

Ils couraient côte à côte dans l'obscurité du crépuscule.

Bežali bok po boku šerom súmraku.

Ils suivirent le lit du ruisseau jusqu'à la gorge rocheuse.

Sledovali koryto potoka hore do skalnatej rokliny.

Ils traversèrent une ligne de partage des eaux froide où le ruisseau avait pris sa source.

Prekročili studenú priepasť, kde sa začínal potok.

Sur la pente la plus éloignée, ils trouvèrent une vaste forêt et de nombreux ruisseaux.

Na ďalekom svahu našli rozsiahly les a mnoho potokov.

À travers ce vaste territoire, ils ont couru pendant des heures sans s'arrêter.

Cez túto rozľahlú krajinu bežali celé hodiny bez zastavenia.

Le soleil se leva plus haut, l'air devint chaud, mais ils continuèrent à courir.

Slnko vystúpilo vyššie, vzduch sa otepľoval, ale oni bežali ďalej.

Buck était rempli de joie : il savait qu'il répondait à son appel.

Bucka napĺňala radosť – vedel, že odpovedá na svoje volanie.

Il courut à côté de son frère de la forêt, plus près de la source de l'appel.

Bežal vedľa svojho lesného brata, bližšie k zdroju volania.

De vieux sentiments sont revenus, puissants et difficiles à ignorer.

Staré city sa vrátili, silné a ťažko ignorovateľné.

C'étaient les vérités derrière les souvenirs de ses rêves.

Toto boli pravdy skryté za spomienkami z jeho snov.

Il avait déjà fait tout cela auparavant, dans un monde lointain et obscur.

Toto všetko už predtým robil vo vzdialenom a temnom svete.

Il recommença alors, courant librement avec le ciel ouvert au-dessus.

Teraz to urobil znova, divoko pobehoval s otvorenou oblohou nad sebou.

Ils s'arrêtèrent près d'un ruisseau pour boire l'eau froide qui coulait.

Zastavili sa pri potoku, aby sa napili zo studenej tečúcej vody.

Alors qu'il buvait, Buck se souvint soudain de John Thornton.

Keď pil, Buck si zrazu spomenul na Johna Thorntona.

Il s'assit en silence, déchiré par l'attrait de la loyauté et de l'appel.

Mlčky si sadol, rozorvaný túžbou po lojalite a povolaní.

Le loup continua à trotter, mais revint pour pousser Buck à avancer.

Vlk klusal ďalej, ale vrátil sa, aby popohnal Bucka dopredu.

Il renifla son nez et essaya de le cajoler avec des gestes doux.

Ošúchal si nos a jemnými gestami sa ho snažil presvedčiť.

Mais Buck se retourna et reprit le chemin par lequel il était venu.

Ale Buck sa otočil a vydal sa späť tou istou cestou, ktorou prišiel.

Le loup courut à côté de lui pendant un long moment, gémissant doucement.

Vlk dlho bežal vedľa neho a ticho kňučal.

Puis il s'assit, leva le nez et poussa un long hurlement.

Potom si sadol, zdvihol nos a vydal dlhý výkrik.

C'était un cri lugubre, qui s'adoucit à mesure que Buck s'éloignait.

Bol to smútočný plač, ktorý zmierňoval, keď Buck odchádzal.

Buck écouta le son du cri s'estomper lentement dans le silence de la forêt.

Buck počúval, ako zvuk kriku pomaly doznieval v lesnom tichu.

John Thornton était en train de dîner lorsque Buck a fait irruption dans le camp.

John Thornton práve večeral, keď Buck vtrhol do tábora.

Buck sauta sauvagement sur lui, le léchant, le mordant et le faisant culbuter.

Buck naňho divoko skočil, olizoval ho, hrýzol a prevrátil ho.

Il l'a renversé, s'est hissé dessus et l'a embrassé sur le visage.

Zrazil ho na zem, vyškriabal sa naňho a pobozkal ho na tvár.

Thornton appelait cela avec affection « jouer le fou du commun ».

Thornton to s láskou nazval „hraním si rolu všeobecného blázna".

Pendant tout ce temps, il maudissait doucement Buck et le secouait d'avant en arrière.

Celý čas jemne preklínal Bucka a triasol ním sem a tam.

Pendant deux jours et deux nuits entières, Buck n'a pas quitté le camp une seule fois.

Celé dva dni a noci Buck ani raz neopustil tábor.

Il est resté proche de Thornton et ne l'a jamais quitté des yeux.

Držal sa blízko Thorntona a nikdy ho nespúšťal z dohľadu.

Il le suivait pendant qu'il travaillait et le regardait pendant qu'il mangeait.

Nasledoval ho pri práci a pozoroval ho, kým jedol.

Il voyait Thornton dans ses couvertures la nuit et dehors chaque matin.

Večer videl Thorntona zabaleného v prikrývkach a každé ráno vonku.

Mais bientôt l'appel de la forêt revint, plus fort que jamais.

Ale lesné volanie sa čoskoro vrátilo, hlasnejšie ako kedykoľvek predtým.

Buck devint à nouveau agité, agité par les pensées du loup sauvage.

Buck sa opäť stal nepokojným, prebudený myšlienkami na divého vlka.

Il se souvenait de la terre ouverte et de la course côte à côte.

Spomenul si na otvorenú krajinu a na beh bok po boku.

Il commença à errer à nouveau dans la forêt, seul et alerte.

Znova sa začal túlať lesom, sám a ostražitý.

Mais le frère sauvage ne revint pas et le hurlement ne fut pas entendu.

Ale divoký brat sa nevrátil a zavýjanie nebolo počuť.

Buck a commencé à dormir dehors, restant absent pendant des jours.

Buck začal spať vonku a zostával preč aj celé dni.

Une fois, il traversa la haute ligne de partage des eaux où le ruisseau commençait.

Raz prekročil vysoký rozvodí, kde sa začínal potok.

Il entra dans le pays des bois sombres et des larges ruisseaux.

Vstúpil do krajiny tmavých lesov a širokých potokov.

Pendant une semaine, il a erré, à la recherche de signes de son frère sauvage.

Týždeň sa túlal a hľadal stopy po svojom divokom bratovi.

Il tuait sa propre viande et voyageait à grands pas, sans relâche.

Zabíjal si vlastné mäso a cestoval dlhými, neúnavnými krokmi.

Il pêchait le saumon dans une large rivière qui se jetait dans la mer.

V širokej rieke, ktorá siahala do mora, lovil lososy.

Là, il combattit et tua un ours noir rendu fou par les insectes.

Tam bojoval a zabil čierneho medveďa, ktorého rozzúrili chrobáky.

L'ours était en train de pêcher et courait aveuglément à travers les arbres.

Medveď lovil ryby a naslepo bežal pomedzi stromy.

La bataille fut féroce, réveillant le profond esprit combatif de Buck.

Bitka bola zúrivá a prebudila Buckovu silnú bojovnú povahu.

Deux jours plus tard, Buck est revenu et a trouvé des carcajous près de sa proie.

O dva dni neskôr sa Buck vrátil a pri svojej ulovenej zveri našiel vlkolaky.

Une douzaine d'entre eux se disputaient la viande avec une fureur bruyante.

Tucet z nich sa hlučne a zúrivo hádalo o mäso.

Buck chargea et les dispersa comme des feuilles dans le vent.

Buck sa na nich vrhol a rozptýlil ich ako lístie vo vetre.

Deux loups restèrent derrière, silencieux, sans vie et immobiles pour toujours.

Dvaja vlci zostali pozadu – ticho, bez života a navždy nehybne.

La soif de sang était plus forte que jamais.

Smäd po krvi bol silnejší ako kedykoľvek predtým.

Buck était un chasseur, un tueur, se nourrissant de créatures vivantes.

Buck bol lovec, zabijak, ktorý sa živil živými tvormi.

Il a survécu seul, en s'appuyant sur sa force et ses sens aiguisés.

Prežil sám, spoliehajúc sa na svoju silu a bystré zmysly.

Il prospérait dans la nature, où seuls les plus résistants pouvaient vivre.

Darilo sa mu vo voľnej prírode, kde mohli žiť len tí najodolnejší.

De là, une grande fierté s'éleva et remplit tout l'être de Buck.

Z toho sa v Buckovi zjavila veľká hrdosť a naplnila celú jeho bytosť.

Sa fierté se reflétait dans chacun de ses pas, dans le mouvement de chacun de ses muscles.

Jeho hrdosť sa prejavovala v každom jeho kroku, v pohybe každého svalu.

Sa fierté était aussi claire qu'un discours, visible dans la façon dont il se comportait.

Jeho hrdosť bola jasná ako reč, čo bolo vidieť v tom, ako sa niesol.

Même son épais pelage semblait plus majestueux et brillait davantage.

Dokonca aj jeho hustá srsť vyzerala majestátnejšie a žiarila jasnejšie.

Buck aurait pu être confondu avec un loup géant.

Bucka si mohli pomýliť s obrovským lesným vlkom.

À l'exception du brun sur son museau et des taches au-dessus de ses yeux.

Okrem hnedej farby na papuli a škvŕn nad očami.

Et la traînée de fourrure blanche qui courait au milieu de sa poitrine.

A biely pruh srsti, ktorý mu tiahol stredom hrude.

Il était encore plus grand que le plus grand loup de cette race féroce.

Bol dokonca väčší ako najväčší vlk toho divokého plemena.

Son père, un Saint-Bernard, lui a donné de la taille et une ossature lourde.

Jeho otec, svätý Bernard, mu dal veľkosť a mohutnú postavu.

Sa mère, une bergère, a façonné cette masse en forme de loup.

Jeho matka, pastierka, vytvarovala túto masu do podoby vlka.

Il avait le long museau d'un loup, bien que plus lourd et plus large.

Mal dlhú papuľu vlka, hoci mohutnejšiu a širšiu.

Sa tête était celle d'un loup, mais construite à une échelle massive et majestueuse.

Jeho hlava bola vlčia, ale bola mohutná a majestátna.

La ruse de Buck était la ruse du loup et de la nature.

Buckova prefíkanosť bola prefíkanosťou vlka a divočiny.

Son intelligence lui vient à la fois du berger allemand et du Saint-Bernard.

Jeho inteligencia pochádzala od nemeckého ovčiaka aj od bernardína.

Tout cela, ajouté à une expérience difficile, faisait de lui une créature redoutable.

Toto všetko, plus drsné skúsenosti, z neho urobili desivého tvora.

Il était aussi redoutable que n'importe quelle bête qui parcourait les régions sauvages du nord.

Bol rovnako impozantný ako ktorákoľvek iná beštia, ktorá sa potulovala severnou divočinou.

Ne se nourrissant que de viande, Buck a atteint le sommet de sa force.

Buck žil len z mäsa a dosiahol vrchol svojej sily.

Il débordait de puissance et de force masculine dans chaque fibre de son être.

V každom svojom vlákne prekypoval mocou a mužskou silou.

Lorsque Thornton lui caressait le dos, ses poils brillaient d'énergie.

Keď ho Thornton pohladil po chrbte, vlasy mu zaiskrili energiou.

Chaque cheveu crépitait, chargé du contact du magnétisme vivant.

Každý vlas praskal, nabitý dotykom živého magnetizmu.

Son corps et son cerveau étaient réglés sur le ton le plus fin possible.

Jeho telo a myseľ boli naladené na tú najjemnejšiu možnú frekvenciu.

Chaque nerf, chaque fibre et chaque muscle fonctionnaient en parfaite harmonie.

Každý nerv, vlákno a sval fungovali v dokonalej harmónii.

À tout son ou toute vue nécessitant une action, il répondait instantanément.

Na akýkoľvek zvuk alebo pohľad, ktorý si vyžadoval akciu, okamžite reagoval.

Si un husky sautait pour attaquer, Buck pouvait sauter deux fois plus vite.

Ak by husky skočil do útoku, Buck by mohol skočiť dvakrát rýchlejšie.

Il a réagi plus vite que les autres ne pouvaient le voir ou l'entendre.

Reagoval rýchlejšie, než ho ostatní stihli vidieť alebo počuť.

La perception, la décision et l'action se sont produites en un seul instant fluide.

Vnímanie, rozhodnutie a čin prišli v jednom plynulom okamihu.

En vérité, ces actes étaient distincts, mais trop rapides pour être remarqués.

V skutočnosti boli tieto činy oddelené, ale príliš rýchle na to, aby si ich niekto všimol.

Les intervalles entre ces actes étaient si brefs qu'ils semblaient n'en faire qu'un.

Medzery medzi týmito činmi boli také krátke, že sa zdali byť jedno.

Ses muscles et son être étaient comme des ressorts étroitement enroulés.

Jeho svaly a bytosť boli ako pevne stočené pružiny.

Son corps débordait de vie, sauvage et joyeux dans sa puissance.

Jeho telo prekypovalo životom, divoké a radostné vo svojej sile.

Parfois, il avait l'impression que la force allait jaillir de lui entièrement.

Občas mal pocit, akoby z neho tá sila úplne vytryskla.

« Il n'y a jamais eu un tel chien », a déclaré Thornton un jour tranquille.

„Nikdy tu nebol taký pes," povedal Thornton jedného pokojného dňa.

Les partenaires regardaient Buck sortir fièrement du camp.

Partneri sledovali, ako Buck hrdo kráča z tábora.

« Lorsqu'il a été créé, il a changé ce que pouvait être un chien », a déclaré Pete.

„Keď bol stvorený, zmenil to, čím pes dokáže byť," povedal Pete.

« Par Jésus ! Je le pense moi-même », acquiesça rapidement Hans.

„Pri Ježišovi! Myslím si to aj ja," rýchlo súhlasil Hans.

Ils l'ont vu s'éloigner, mais pas le changement qui s'est produit après.

Videli ho odchádzať, ale nie zmenu, ktorá prišla potom.

Dès qu'il est entré dans les bois, Buck s'est complètement transformé.

Hneď ako Buck vošiel do lesa, úplne sa premenil.

Il ne marchait plus, mais se déplaçait comme un fantôme sauvage parmi les arbres.

Už nepochodoval, ale pohyboval sa ako divoký duch medzi stromami.

Il devint silencieux, les pieds comme un chat, une lueur traversant les ombres.

Zmĺkol, kráčal ako mačacie nohy, ako záblesk prechádzajúci tieňmi.

Il utilisait la couverture avec habileté, rampant sur le ventre comme un serpent.

Krytie používal šikovne, plazil sa po bruchu ako had.

Et comme un serpent, il pouvait bondir en avant et frapper en silence.

A ako had mohol vyskočiť dopredu a udrieť v tichosti.

Il pourrait voler un lagopède directement dans son nid caché.

Mohol ukradnúť kuriatku priamo z jej skrytého hniezda.

Il a tué des lapins endormis sans un seul bruit.

Spiace králiky zabil bez jediného zvuku.

Il pouvait attraper des tamias en plein vol alors qu'ils fuyaient trop lentement.

Vedel chytiť veveričky vo vzduchu, keď utekali príliš pomaly.

Même les poissons dans les bassins ne pouvaient échapper à ses attaques soudaines.

Ani ryby v jazierkach neunikli jeho náhlym úderom.

Même les castors astucieux qui réparaient les barrages n'étaient pas à l'abri de lui.

Ani šikovné bobry opravujúce priehrady pred ním neboli v bezpečí.

Il tuait pour se nourrir, pas pour le plaisir, mais il préférait tuer ses propres victimes.

Zabíjal pre jedlo, nie pre zábavu – ale najviac mal rád svoje vlastné úlovky.

Pourtant, un humour sournois traversait certaines de ses chasses silencieuses.

Napriek tomu sa niektorými z jeho tichých lovov prelínal prefíkaný humor.

Il s'est approché des écureuils, mais les a laissés s'échapper.

Prikradol sa blízko k veveričkám, len aby ich nechal utiecť.

Ils allaient fuir vers les arbres, bavardant dans une rage effrayée.

Chystali sa utiecť medzi stromy a štebotať od strachu a zúrivosti.

À l'arrivée de l'automne, les orignaux ont commencé à apparaître en plus grand nombre.

S príchodom jesene sa losy začali objavovať vo väčšom počte.

Ils se sont déplacés lentement vers les basses vallées pour affronter l'hiver.

Pomaly sa presúvali do nízkych údolí, aby sa stretli so zimou.

Buck avait déjà abattu un jeune veau errant.

Buck už ulovil jedno mladé, zatúlané teľa.

Mais il aspirait à affronter des proies plus grandes et plus dangereuses.

Ale túžil čeliť väčšej a nebezpečnejšej koristi.

Un jour, à la ligne de partage des eaux, à la tête du ruisseau, il trouva sa chance.

Jedného dňa na rozvodí, pri prameni potoka, našiel svoju šancu.

Un troupeau de vingt orignaux avait traversé des terres boisées.

Z lesnatých oblastí prešlo stádo dvadsiatich losov.

Parmi eux se trouvait un puissant taureau, le chef du groupe.

Medzi nimi bol mocný býk; vodca skupiny.

Le taureau mesurait plus de six pieds de haut et avait l'air féroce et sauvage.

Býk meral viac ako dva metre a vyzeral divoký a zúrivý.

Il lança ses larges bois, quatorze pointes se ramifiant vers l'extérieur.

Hodil širokými parohmi, z ktorých sa štrnásť hrotov rozvetvovalo smerom von.

Les extrémités de ces bois s'étendaient sur sept pieds de large.

Špičky týchto parohov sa natiahli na šírku sedem stôp.

Ses petits yeux brûlaient de rage lorsqu'il aperçut Buck à proximité.

Jeho malé oči horeli zúrivosťou, keď zbadal Bucka neďaleko.

Il poussa un rugissement furieux, tremblant de fureur et de douleur.

Vydal zúrivý rev, triasol sa od zúrivosti a bolesti.

Une pointe de flèche sortait près de son flanc, empennée et pointue.

Pri boku mu trčal hrot šípu, operený a ostrý.

Cette blessure a contribué à expliquer son humeur sauvage et amère.

Táto rana pomohla vysvetliť jeho divokú, zatrpknutú náladu.

Buck, guidé par un ancien instinct de chasseur, a fait son mouvement.

Buck, vedený starodávnym loveckým inštinktom, urobil svoj pohnúť.

Son objectif était de séparer le taureau du reste du troupeau.

Jeho cieľom bolo oddeliť býka od zvyšku stáda.

Ce n'était pas une tâche facile : il fallait de la rapidité et une ruse féroce.

Nebola to ľahká úloha – vyžadovalo si to rýchlosť a prudkú prefíkanosť.

Il aboyait et dansait près du taureau, juste hors de portée.

Štekal a tancoval blízko býka, tesne mimo jeho dosahu.

L'élan s'est précipité avec d'énormes sabots et des bois mortels.

Los sa vrhol s obrovskými kopytami a smrtiacimi parohmi.

Un seul coup aurait pu mettre fin à la vie de Buck en un clin d'œil.

Jeden úder mohol Buckov život ukončiť v okamihu.

Incapable de laisser la menace derrière lui, le taureau devint fou.

Býk, neschopný nechať hrozbu za sebou, sa rozzúril.

Il chargea avec fureur, mais Buck s'échappa toujours.

Zúrivo sa vrhol do útoku, ale Buck sa vždy vyšmykol.

Buck simula une faiblesse, l'attirant plus loin du troupeau.

Buck predstieral slabosť a lákal ho ďalej od stáda.

Mais les jeunes taureaux allaient charger pour protéger le leader.

Ale mladé býky sa chystali zaútočiť, aby ochránili vodcu.

Ils ont forcé Buck à battre en retraite et le taureau à rejoindre le groupe.

Prinútili Bucka ustúpiť a býka, aby sa opäť pridal k skupine.

Il y a une patience dans la nature, profonde et imparable.

V divočine existuje trpezlivosť, hlboká a nezastaviteľná.

Une araignée attend immobile dans sa toile pendant d'innombrables heures.

Pavúk čaká nehybne vo svojej sieti nespočetné hodiny.

Un serpent s'enroule sans tressaillement et attend que son heure soit venue.

Had sa krúti bez myknutia a čaká, kým príde čas.

Une panthère se tient en embuscade, jusqu'à ce que le moment arrive.

Panter číha v pasci, kým nepríde tá správna chvíľa.

C'est la patience des prédateurs qui chassent pour survivre.

Toto je trpezlivosť predátorov, ktorí lovia, aby prežili.

Cette même patience brûlait à l'intérieur de Buck alors qu'il restait proche.

Tá istá trpezlivosť horela v Buckovi, keď zostal nablízku.

Il resta près du troupeau, ralentissant sa marche et suscitant la peur.

Zostal blízko stáda, spomaľoval jeho pochod a vyvolával strach.

Il taquinait les jeunes taureaux et harcelait les vaches mères.

Dráždil mladé býky a obťažoval kravské matky.

Il a plongé le taureau blessé dans une rage encore plus profonde et impuissante.

Zraneného býka dohnal k hlbšiemu, bezmocnému hnevu.

Pendant une demi-journée, le combat s'est prolongé sans aucun répit.

Boj sa vliekol pol dňa bez akéhokoľvek prestávky.

Buck attaquait sous tous les angles, rapide et féroce comme le vent.

Buck útočil zo všetkých uhlov, rýchly a divoký ako vietor.

Il a empêché le taureau de se reposer ou de se cacher avec son troupeau.

Zabránil býkovi odpočívať alebo sa skrývať so svojím stádom.

Le cerf a épuisé la volonté de l'élan plus vite que son corps.

Buck unavoval losovu vôľu rýchlejšie ako jeho telo.

La journée passa et le soleil se coucha bas dans le ciel du nord-ouest.

Deň ubehol a slnko kleslo nízko na severozápadnej oblohe.

Les jeunes taureaux revinrent plus lentement pour aider leur chef.

Mladé býky sa vracali pomalšie, aby pomohli svojmu vodcovi.

Les nuits d'automne étaient revenues et l'obscurité durait désormais six heures.

Jesenné noci sa vrátili a tma teraz trvala šesť hodín.

L'hiver les poussait vers des vallées plus sûres et plus chaudes.

Zima ich tlačila z kopca do bezpečnejších, teplejších údolí.

Mais ils ne pouvaient toujours pas échapper au chasseur qui les retenait.

Ale stále nemohli uniknúť lovcovi, ktorý ich zadržiaval.

Une seule vie était en jeu : pas celle du troupeau, mais celle de leur chef.

V stávke bol len jeden život – nie život stáda, len život ich vodcu.

Cela rendait la menace lointaine et non leur préoccupation urgente.

Vďaka tomu bola hrozba vzdialená a nebola ich naliehavým záujmom.

Au fil du temps, ils ont accepté ce prix et ont laissé Buck prendre le vieux taureau.

Časom túto cenu akceptovali a nechali Bucka, aby si vzal starého býka.

Alors que le crépuscule s'installait, le vieux taureau se tenait debout, la tête baissée.

Keď sa zotmelo, starý býk stál so sklonenou hlavou.

Il regarda le troupeau qu'il avait conduit disparaître dans la lumière déclinante.

Sledoval, ako stádo, ktoré viedol, mizne v slabnúcom svetle.

Il y avait des vaches qu'il avait connues, des veaux qu'il avait autrefois engendrés.

Boli tam kravy, ktoré poznal, teľatá, ktorých bol kedysi otcom.

Il y avait des taureaux plus jeunes qu'il avait combattus et dominés au cours des saisons précédentes.

V minulých sezónach bojoval a vládol im s mladšími býkmi.

Il ne pouvait pas les suivre, car Buck était à nouveau accroupi devant lui.

Nemohol ich nasledovať – pretože pred ním sa opäť krčil Buck.

La terreur impitoyable aux crocs bloquait tous les chemins qu'il pouvait emprunter.

Nemilosrdný hrôzostrašný tesák mu blokoval každú cestu, ktorou by sa mohol vydať.

Le taureau pesait plus de trois cents livres de puissance dense.

Býk vážil viac ako tri stovky kilogramov hustej sily.

Il avait vécu longtemps et s'était battu avec acharnement dans un monde de luttes.

Žil dlho a tvrdo bojoval vo svete plnom bojov.

Mais maintenant, à la fin, la mort venait d'une bête bien en dessous de lui.

No teraz, na konci, smrť prišla od beštie hlboko pod ním.

La tête de Buck n'atteignait même pas les énormes genoux noueux du taureau.

Buckova hlava sa ani nezdvihla po býčie obrovské kolená s kĺbmi.

À partir de ce moment, Buck resta avec le taureau nuit et jour.

Od tej chvíle Buck zostával s býkom vo dne v noci.

Il ne lui a jamais laissé de repos, ne lui a jamais permis de brouter ou de boire.

Nikdy mu nedal oddych, nikdy mu nedovolil pásť sa ani piť.

Le taureau a essayé de manger de jeunes pousses de bouleau et des feuilles de saule.

Býk sa snažil jesť mladé brezové výhonky a vŕbové listy.

Mais Buck le repoussa, toujours alerte et toujours attaquant.

Ale Buck ho odohnal, vždy ostražitý a stále útočiaci.

Même dans les ruisseaux qui ruisselaient, Buck bloquait toute tentative assoiffée.

Dokonca aj pri kvapkajúcich potokoch Buck blokoval každý smädný pokus.

Parfois, par désespoir, le taureau s'enfuyait à toute vitesse.

Niekedy býk v zúfalstve utiekol plnou rýchlosťou.

Buck le laissa courir, galopant calmement juste derrière, jamais très loin.

Buck ho nechal bežať, pokojne klusal tesne za ním, nikdy nebol ďaleko.

Lorsque l'élan s'arrêta, Buck s'allongea, mais resta prêt.

Keď sa los zastavil, Buck si ľahol, ale zostal pripravený.

Si le taureau essayait de manger ou de boire, Buck frappait avec une fureur totale.

Ak sa býk pokúsil jesť alebo piť, Buck udrel s plnou zúrivosťou.

La grosse tête du taureau s'affaissait sous ses vastes bois.

Býčia veľká hlava klesla nižšie pod jeho mohutnými parohmi.

Son rythme ralentit, le trot devint lourd, une marche trébuchante.

Jeho tempo spomalilo, klus sa zmenil na ťažký; potkýnajúcu sa chôdzu.

Il restait souvent immobile, les oreilles tombantes et le nez au sol.

Často stál nehybne so sklopenými ušami a nosom pri zemi.

Pendant ces moments-là, Buck prenait le temps de boire et de se reposer.

Počas týchto chvíľ si Buck našiel čas na pitie a odpočinok.

La langue tirée, les yeux fixés, Buck sentait que la terre était en train de changer.

S vyplazeným jazykom a upretým pohľadom Buck cítil, ako sa krajina mení.

Il sentit quelque chose de nouveau se déplacer dans la forêt et dans le ciel.

Cítil, ako sa lesom a oblohou hýbe niečo nové.

Avec le retour des orignaux, d'autres créatures sauvages ont fait de même.

Ako sa vracali losy, vracali sa aj ďalšie divoké tvory.

La terre semblait vivante, avec une présence invisible mais fortement connue.

Krajina sa cítila oživená prítomnosťou, neviditeľnou, no silne známou.

Ce n'était ni par l'ouïe, ni par la vue, ni par l'odorat que Buck le savait.

Buck to nevedel zvukom, zrakom ani čuchom.

Un sentiment plus profond lui disait que de nouvelles forces étaient en mouvement.

Hlbší zmysel mu hovoril, že sa hýbu nové sily.

Une vie étrange s'agitait dans les bois et le long des ruisseaux.

V lesoch a pozdĺž potokov sa preháňal zvláštny život.

Il a décidé d'explorer cet esprit, une fois la chasse terminée.

Rozhodol sa preskúmať tohto ducha po skončení lovu.

Le quatrième jour, Buck a finalement abattu l'élan.

Na štvrtý deň Buck konečne ulovil losa.

Il est resté près de la proie pendant une journée et une nuit entières, se nourrissant et se reposant.

Zostal pri úlovku celý deň a noc, kŕmil sa a odpočíval.

Il mangea, puis dormit, puis mangea à nouveau, jusqu'à ce qu'il soit fort et rassasié.

Jedol, potom spal a potom znova jedol, až kým nebol silný a sýty.

Lorsqu'il fut prêt, il retourna vers le camp et Thornton.

Keď bol pripravený, otočil sa späť k táboru a Thorntonu.

D'un pas régulier, il commença le long voyage de retour vers la maison.

Stabilným tempom sa vydal na dlhú cestu domov.

Il courait d'un pas infatigable, heure après heure, sans jamais s'égarer.

Bežal neúnavne, hodinu za hodinou, a ani raz neodbočil z cesty.

À travers des terres inconnues, il se déplaçait droit comme l'aiguille d'une boussole.

Cez neznáme krajiny sa pohyboval priamočiaro ako ihla kompasu.

Son sens de l'orientation faisait paraître l'homme et la carte faibles en comparaison.

Jeho zmysel pre orientáciu v porovnaní s ním spôsoboval, že človek a mapa vyzerali slabšie.

Tandis que Buck courait, il sentait plus fortement l'agitation dans la terre sauvage.

Ako Buck bežal, silnejšie cítil ruch v divočine.

C'était un nouveau genre de vie, différent de celui des mois calmes de l'été.

Bol to nový druh života, na rozdiel od života počas pokojných letných mesiacov.

Ce sentiment n'était plus un message subtil ou distant.

Tento pocit už neprichádzal ako jemné alebo vzdialené posolstvo.

Maintenant, les oiseaux parlaient de cette vie et les écureuils en bavardaient.

Teraz vtáky hovorili o tomto živote a veveričky o ňom štebotali.

Même la brise murmurait des avertissements à travers les arbres silencieux.

Dokonca aj vánok šepkal varovania cez tiché stromy.

Il s'arrêta à plusieurs reprises et respira l'air frais du matin.

Niekoľkokrát sa zastavil a nadýchol sa čerstvého ranného vzduchu.

Il y lut un message qui le fit bondir plus vite en avant.

Prečítal si tam správu, ktorá ho prinútila rýchlejšie sa posunúť vpred.

Un lourd sentiment de danger l'envahit, comme si quelque chose s'était mal passé.

Naplnil ho ťažký pocit nebezpečenstva, akoby sa niečo pokazilo.

Il craignait qu'une catastrophe ne se produise – ou ne soit déjà arrivée.

Bál sa, že prichádza – alebo už prišla – nešťastie.

Il franchit la dernière crête et entra dans la vallée en contrebas.

Prešiel cez posledný hrebeň a vošiel do údolia pod ním.

Il se déplaçait plus lentement, alerte et prudent à chaque pas.

Pohyboval sa pomalšie, s každým krokom ostražitý a opatrný.

À trois milles de là, il trouva une piste fraîche qui le fit se raidir.

Po troch míľach našiel čerstvý chodník, ktorý ho prinútil stuhnúť.

Les cheveux le long de son cou ondulaient et se hérissaient d'alarme.

Vlasy pozdĺž krku sa mu zježili a zavlnili od poplachu.

Le sentier menait directement au camp où Thornton attendait.

Chodník viedol priamo k táboru, kde čakal Thornton.

Buck se déplaçait désormais plus rapidement, sa foulée à la fois silencieuse et rapide.

Buck sa teraz pohyboval rýchlejšie, jeho krok bol tichý a rýchly zároveň.

Ses nerfs se sont resserrés lorsqu'il a lu des signes que d'autres allaient manquer.

Jeho nervy sa napínali, keď čítal znamenia, ktoré si ostatní prehliadnu.

Chaque détail du sentier racontait une histoire, sauf le dernier morceau.

Každý detail na chodníku rozprával príbeh – okrem posledného kúska.

Son nez lui parlait de la vie qui s'était déroulée ici.

Jeho nos mu rozprával o živote, ktorý tadiaľto prešiel.

L'odeur lui donnait une image changeante alors qu'il le suivait de près.

Vôňa mu vykresľovala meniaci sa obraz, keď ho tesne nasledoval.

Mais la forêt elle-même était devenue silencieuse, anormalement immobile.

Ale samotný les stíchol; bol neprirodzene tichý.

Les oiseaux avaient disparu, les écureuils étaient cachés, silencieux et immobiles.

Vtáky zmizli, veveričky boli skryté, tiché a nehybné.

Il n'a vu qu'un seul écureuil gris, allongé sur un arbre mort.

Videl iba jednu sivú veveričku, ležiacu na mŕtvom strome.

L'écureuil se fondait dans la masse, raide et immobile comme une partie de la forêt.

Veverička sa zmiešala s okolím, stuhnutá a nehybná ako súčasť lesa.

Buck se déplaçait comme une ombre, silencieux et sûr à travers les arbres.

Buck sa pohyboval ako tieň, ticho a isto pomedzi stromy.

Son nez se souleva sur le côté comme s'il était tiré par une main invisible.

Jeho nos sa mykol nabok, akoby ho potiahla neviditeľná ruka.

Il se retourna et suivit la nouvelle odeur jusqu'au plus profond d'un fourré.

Otočil sa a nasledoval novú vôňu hlboko do húštiny.

Là, il trouva Nig, étendu mort, transpercé par une flèche.

Tam našiel Niga, ležiaceho mŕtveho, prebodnutého šípom.

La flèche traversa son corps, laissant encore apparaître ses plumes.

Šíp prešiel jeho telom, perie mu stále bolo vidieť.

Nig s'était traîné jusqu'ici, mais il était mort avant d'avoir pu obtenir de l'aide.

Nig sa tam dotiahol sám, ale zomrel skôr, ako sa dostal k pomoci.

Une centaine de mètres plus loin, Buck trouva un autre chien de traîneau.

O sto metrov ďalej Buck našiel ďalšieho saňového psa.

C'était un chien que Thornton avait racheté à Dawson City.

Bol to pes, ktorého Thornton kúpil v Dawson City.

Le chien était en proie à une lutte à mort, se débattant violemment sur le sentier.

Pes sa zmietavo búšil na ceste a zmietavo sa túlal po nej.

Buck le contourna sans s'arrêter, les yeux fixés devant lui.

Buck ho obišiel, nezastavil sa a upieral oči pred seba.

Du côté du camp venait un chant lointain et rythmé.

Z tábora sa ozýval vzdialený, rytmický spev.

Les voix s'élevaient et retombaient sur un ton étrange, inquiétant et chantant.

Hlasy sa dvíhali a klesali v zvláštnom, tajomnom, spevavom tóne.

Buck rampa jusqu'au bord de la clairière en silence.

Buck sa mlčky plazil dopredu k okraju čistinky.

Là, il vit Hans étendu face contre terre, percé de nombreuses flèches.

Tam uvidel Hansa ležať tvárou dole, prebodnutého mnohými šípmi.

Son corps ressemblait à celui d'un porc-épic, hérissé de plumes.

Jeho telo vyzeralo ako dikobraz, posiate operenými šípmi.

Au même moment, Buck regarda vers le pavillon en ruine.

V tej istej chvíli sa Buck pozrel smerom k zrúcanej chatrči.

Cette vue lui fit dresser les cheveux sur la nuque et les épaules.

Pri tom pohľade mu zježili vlasy na krku a pleciach.

Une tempête de rage sauvage parcourut tout le corps de Buck.

Buckovým telom prebehla búrka divokej zúrivosti.

Il grogna à haute voix, même s'il ne savait pas qu'il l'avait fait.

Zavrčal nahlas, hoci nevedel, že to urobil.

Le son était brut, rempli d'une fureur terrifiante et sauvage.

Zvuk bol surový, plný desivej, divokej zúrivosti.

Pour la dernière fois de sa vie, Buck a perdu la raison au profit de l'émotion.

Buck naposledy v živote stratil dôvod na emócie.

C'est l'amour pour John Thornton qui a brisé son contrôle minutieux.

Bola to láska k Johnovi Thorntonovi, ktorá prelomila jeho starostlivú sebakontrolu.

Les Yeehats dansaient autour de la hutte en épicéa détruite.

Yeehatovci tancovali okolo zničenej smrekovej chatrče.

Puis un rugissement retentit et une bête inconnue chargea vers eux.

Potom sa ozval rev – a neznáma beštia sa k nim vrhla.

C'était Buck ; une fureur en mouvement ; une tempête vivante de vengeance.

Bol to Buck; zúrivosť v pohybe; živá búrka pomsty.

Il se jeta au milieu d'eux, fou du besoin de tuer.

Vrhol sa medzi nich, zúfalý túžbou zabíjať.

Il sauta sur le premier homme, le chef Yeehat, et frappa juste.

Skočil na prvého muža, náčelníka Yeehatov, a udrel presne.

Sa gorge fut déchirée et du sang jaillit à flots.

Mal roztrhané hrdlo a krv z neho striekala prúdom.

Buck ne s'arrêta pas, mais déchira la gorge de l'homme suivant d'un seul bond.

Buck sa nezastavil, ale jedným skokom roztrhol ďalšiemu mužovi hrdlo.

Il était inarrêtable : il déchirait, taillait, ne s'arrêtait jamais pour se reposer.

Bol nezastaviteľný – trhal, sekal a nikdy sa nezastavil na odpočinok.

Il s'élança et bondit si vite que leurs flèches ne purent l'atteindre.

Vrhol sa a skočil tak rýchlo, že sa ho ich šípy nemohli zasiahnuť.

Les Yeehats étaient pris dans leur propre panique et confusion.

Yeehatovcov zachvátila vlastná panika a zmätok.

Leurs flèches manquèrent Buck et se frappèrent l'une l'autre à la place.

Ich šípy minuli Bucka a namiesto toho sa zasiahli jeden druhého.

Un jeune homme a lancé une lance sur Buck et a touché un autre homme.

Jeden mladík hodil po Buckovi kopiju a zasiahol ďalšieho muža.

La lance lui transperça la poitrine, la pointe lui transperçant le dos.

Oštep mu prenikol hruď a hrot mu vyrazil chrbát.

La terreur s'empara des Yeehats et ils se mirent en retraite.

Yeehatov zachvátil strach a oni sa dali na úplný ústup.

Ils crièrent à l'Esprit Maléfique et s'enfuirent dans les ombres de la forêt.

Kričali na zlého ducha a utiekli do lesných tieňov.

Vraiment, Buck était comme un démon alors qu'il poursuivait les Yeehats.

Buck bol naozaj ako démon, keď prenasledoval Yeehatovcov.

Il les poursuivit à travers la forêt, les faisant tomber comme des cerfs.

Prenasledoval ich lesom a zrážal ich k zemi ako jelene.

Ce fut un jour de destin et de terreur pour les Yeehats effrayés.

Pre vystrašených Yeehatov sa to stal dňom osudu a hrôzy.

Ils se dispersèrent à travers le pays, fuyant au loin dans toutes les directions.

Rozpŕchli sa po krajine a utekali všetkými smermi.

Une semaine entière s'est écoulée avant que les derniers survivants ne se retrouvent dans une vallée.

Ubehol celý týždeň, kým sa poslední preživší stretli v údolí.

Ce n'est qu'alors qu'ils ont compté leurs pertes et parlé de ce qui s'était passé.

Až potom spočítali svoje straty a hovorili o tom, čo sa stalo.

Buck, après s'être lassé de la chasse, retourna au camp en ruine.

Buck sa po naháňaní unavil a vrátil sa do zničeného tábora.

Il a trouvé Pete, toujours dans ses couvertures, tué lors de la première attaque.

Našiel Peta, stále v prikrývkach, zabitého pri prvom útoku.

Les signes du dernier combat de Thornton étaient marqués dans la terre à proximité.

V neďalekej hline boli viditeľné stopy Thorntonovho posledného boja.

Buck a suivi chaque trace, reniflant chaque marque jusqu'à un point final.

Buck sledoval každú stopu, oňuchával každú značku až do posledného bodu.

Au bord d'un bassin profond, il trouva le fidèle Skeet, allongé immobile.

Na okraji hlbokého jazierka našiel verného Skeeta, ako nehybne leží.

La tête et les pattes avant de Skeet étaient dans l'eau, immobiles dans la mort.

Skeetova hlava a predné labky boli vo vode, nehybné ako smrť.

La piscine était boueuse et contaminée par les eaux de ruissellement provenant des écluses.

Bazén bol kalný a znečistený odtokom z prepúšťacích kanálov.

Sa surface nuageuse cachait ce qui se trouvait en dessous, mais Buck connaissait la vérité.

Jeho zamračený povrch skrýval to, čo sa skrývalo pod ním, ale Buck poznal pravdu.

Il a suivi l'odeur de Thornton dans la piscine, mais l'odeur ne menait nulle part ailleurs.

Sledoval Thorntonov pach až do jazierka – ale pach ho nikam inam neviedol.

Aucune odeur ne menait à l'extérieur, seulement le silence des eaux profondes.

Neviedlo odtiaľ žiadne pachy – len ticho hlbokej vody.

Toute la journée, Buck resta près de la piscine, arpentant le camp avec chagrin.

Buck zostal celý deň pri jazierku a v smútku sa prechádzal po tábore.

Il errait sans cesse ou restait assis, immobile, perdu dans ses pensées.

Nepokojne sa túlal alebo sedel v tichu, ponorený do ťažkých myšlienok.

Il connaissait la mort, la fin de la vie, la disparition de tout mouvement.

Poznal smrť; koniec života; miznutie všetkého pohybu.

Il comprit que John Thornton était parti et ne reviendrait jamais.

Chápal, že John Thornton je preč a už sa nikdy nevráti.

La perte a laissé en lui un vide qui palpitait comme la faim.

Strata v ňom zanechala prázdne miesto, ktoré pulzovalo ako hlad.

Mais c'était une faim que la nourriture ne pouvait apaiser, peu importe la quantité qu'il mangeait.

Ale toto bol hlad, ktorý jedlo nedokázalo utíšiť, bez ohľadu na to, koľko ho zjedol.

Parfois, alors qu'il regardait les Yeehats morts, la douleur s'estompait.

Občas, keď sa pozrel na mŕtvych Yeehatovcov, bolesť pominula.

Et puis une étrange fierté monta en lui, féroce et complète.
A potom sa v ňom zjavila zvláštna hrdosť, prudká a dokonalá.
Il avait tué l'homme, le gibier le plus élevé et le plus dangereux de tous.
Zabil človeka, čo bola najvyššia a najnebezpečnejšia zver zo všetkých.
Il avait tué au mépris de l'ancienne loi du gourdin et des crocs.
Zabil v rozpore so starodávnym zákonom kyja a tesáka.
Buck renifla leurs corps sans vie, curieux et pensif.
Buck zvedavo a zamyslene ovoňal ich bezvládne telá.
Ils étaient morts si facilement, bien plus facilement qu'un husky dans un combat.
Zomreli tak ľahko – oveľa ľahšie ako chrt v boji.
Sans leurs armes, ils n'avaient aucune véritable force ni menace.
Bez zbraní nemali žiadnu skutočnú silu ani hrozbu.
Buck n'aurait plus jamais peur d'eux, à moins qu'ils ne soient armés.
Buck sa ich už nikdy nebude báť, pokiaľ nebudú ozbrojení.
Ce n'est que lorsqu'ils portaient des gourdins, des lances ou des flèches qu'il se méfiait.
Dával si pozor iba vtedy, keď nosili kyjaky, oštepy alebo šípy.

La nuit tomba et une pleine lune se leva au-dessus de la cime des arbres.
Padla noc a spln vyšiel vysoko nad vrcholky stromov.
La pâle lumière de la lune baignait la terre d'une douce lueur fantomatique, comme le jour.
Bledé svetlo mesiaca zalialo zem jemnou, prízračnou žiarou podobnou dennému svitu.
Alors que la nuit s'approfondissait, Buck pleurait toujours au bord de la piscine silencieuse.
Ako sa noc prehlbovala, Buck stále smútil pri tichom jazierku.
Puis il prit conscience d'un autre mouvement dans la forêt.
Potom si uvedomil iný ruch v lese.

L'agitation ne venait pas des Yeehats, mais de quelque chose de plus ancien et de plus profond.

To rušenie nevychádzalo od Yeehatovcov, ale z niečoho staršieho a hlbšieho.

Il se leva, les oreilles dressées, le nez testant la brise avec précaution.

Postavil sa, zdvihol uši a opatrne ňufákom skúšal vánok.

De loin, un cri faible et aigu perça le silence.

Z diaľky sa ozval slabý, ostrý výkrik, ktorý prerušil ticho.

Puis un chœur de cris similaires suivit de près le premier.

Potom sa tesne za prvým ozval zbor podobných výkrikov.

Le bruit se rapprochait, devenant plus fort à chaque instant qui passait.

Zvuk sa blížil a s každou chvíľou silnel.

Buck connaissait ce cri : il venait de cet autre monde dans sa mémoire.

Buck poznal tento výkrik – prichádzal z toho iného sveta v jeho pamäti.

Il se dirigea vers le centre de l'espace ouvert et écouta attentivement.

Prešiel do stredu otvoreného priestranstva a pozorne načúval.

L'appel retentit, multiple et plus puissant que jamais.

Ozval sa hovor, mnohohlasný a mocnejší než kedykoľvek predtým.

Et maintenant, plus que jamais, Buck était prêt à répondre à son appel.

A teraz, viac ako kedykoľvek predtým, bol Buck pripravený odpovedať na svoje volanie.

John Thornton était mort et il ne lui restait plus aucun lien avec l'homme.

John Thornton bol mŕtvy a nezostalo v ňom žiadne puto s človekom.

L'homme et toutes ses prétentions avaient disparu : il était enfin libre.

Človek a všetky ľudské nároky boli preč – konečne bol slobodný.

La meute de loups chassait de la viande comme les Yeehats l'avaient fait autrefois.

Vlčia svorka naháňala mäso ako kedysi Yeehatovia.

Ils avaient suivi les orignaux depuis les terres boisées.

Nasledovali losy dole z zalesnených oblastí.

Maintenant, sauvages et affamés de proies, ils traversèrent sa vallée.

Teraz, divocí a hladní po koristi, prešli do jeho údolia.

Ils arrivèrent dans la clairière éclairée par la lune, coulant comme de l'eau argentée.

Vchádzali na mesačnou jaskyňu, prúdiac ako strieborná voda.

Buck se tenait immobile au centre, les attendant.

Buck stál nehybne uprostred, nehybne a čakal na nich.

Sa présence calme et imposante a stupéfié la meute et l'a plongée dans un bref silence.

Jeho pokojná, mohutná prítomnosť ohromila svorku a na chvíľu umlčala.

Alors le loup le plus audacieux sauta droit sur lui sans hésitation.

Potom najodvážnejší vlk bez váhania skočil priamo na neho.

Buck frappa vite et brisa le cou du loup d'un seul coup.

Buck rýchlo udrel a jediným úderom zlomil vlkovi väz.

Il resta immobile à nouveau tandis que le loup mourant se tordait derrière lui.

Znova stál bez pohnutia, zatiaľ čo sa umierajúci vlk krútil za ním.

Trois autres loups ont attaqué rapidement, l'un après l'autre.

Ďalší traja vlci rýchlo zaútočili, jeden po druhom.

Chacun d'eux s'est retiré en sang, la gorge ou les épaules tranchées.

Každý ustúpil a krvácal, mali porezané hrdlo alebo ramená.

Cela a suffi à déclencher une charge sauvage de toute la meute.

To stačilo na to, aby celá svorka vyvolala divoký útok.

Ils se précipitèrent ensemble, trop impatients et trop nombreux pour bien frapper.

Vrútili sa dnu spolu, príliš nedočkaví a natlačení na to, aby dobre zasiahli.

La vitesse et l'habileté de Buck lui ont permis de rester en tête de l'attaque.

Buckova rýchlosť a zručnosť mu umožnili udržať si náskok pred útokom.

Il tournait sur ses pattes arrière, claquant et frappant dans toutes les directions.

Otočil sa na zadných nohách, šľahal a udieral na všetky strany.

Pour les loups, cela donnait l'impression que sa défense ne s'était jamais ouverte ou n'avait jamais faibli.

Vlkom sa zdalo, že jeho obrana sa nikdy neotvorila ani nezakolísala.

Il s'est retourné et a frappé si vite qu'ils ne pouvaient pas passer derrière lui.

Otočil sa a sekol tak rýchlo, že sa k nemu nedokázali dostať.

Néanmoins, leur nombre l'obligea à céder du terrain et à reculer.

Napriek tomu ho ich počet prinútil ustúpiť a ustúpiť.

Il passa devant la piscine et descendit dans le lit rocheux du ruisseau.

Prešiel okolo jazierka a zišiel do skalnatého koryta potoka.

Là, il se heurta à un talus abrupt de gravier et de terre.

Tam narazil na strmý val zo štrku a hliny.

Il s'est retrouvé coincé dans un coin coupé lors des fouilles des mineurs.

Počas starého baníckeho kopania sa vkradol do rohového výkopu.

Désormais protégé sur trois côtés, Buck ne faisait face qu'au loup de devant.

Teraz, chránený z troch strán, Buck čelil iba prednému vlkovi.

Là, il se tenait à distance, prêt pour la prochaine vague d'assaut.

Tam stál v núdzi, pripravený na ďalšiu vlnu útoku.

Buck a tenu bon si farouchement que les loups ont reculé.

Buck sa tak zúrivo držal na svojom mieste, že vlci cúvli.

Au bout d'une demi-heure, ils étaient épuisés et visiblement vaincus.

Po polhodine boli vyčerpaní a viditeľne porazení.

Leurs langues pendaient, leurs crocs blancs brillaient au clair de lune.

Ich jazyky viseli a ich biele tesáky sa leskli v mesačnom svite.

Certains loups se sont couchés, la tête levée, les oreilles dressées vers Buck.

Niekoľko vlkov si ľahlo so zdvihnutými hlavami a nastraženými ušami smerom k Buckovi.

D'autres restaient immobiles, vigilants et observant chacun de ses mouvements.

Ostatní stáli nehybne, ostražito sledovali každý jeho pohyb.

Quelques-uns se sont dirigés vers la piscine et ont bu de l'eau froide.

Niekoľko ľudí sa zatúlalo k bazénu a napilo sa studenej vody.

Puis un loup gris, long et maigre, s'avança doucement.

Potom sa jeden dlhý, štíhly sivý vlk ticho prikradol dopredu.

Buck le reconnut : c'était le frère sauvage de tout à l'heure.

Buck ho spoznal – bol to ten divoký brat z predchádzajúcich čias.

Le loup gris gémit doucement, et Buck répondit par un gémissement.

Sivý vlk potichu zakňučal a Buck mu odpovedal kňučaním.

Ils se touchèrent le nez, tranquillement et sans menace ni peur.

Dotkli sa nosmi, potichu a bez hrozby či strachu.

Ensuite est arrivé un loup plus âgé, maigre et marqué par de nombreuses batailles.

Potom prišiel starší vlk, vychudnutý a zjazvený z mnohých bitiek.

Buck commença à grogner, mais s'arrêta et renifla le nez du vieux loup.

Buck začal vrčať, ale zastavil sa a ovoňal starého vlka k ňufáku.

Le vieux s'assit, leva le nez et hurla à la lune.

Starý si sadol, zdvihol nos a zavýjal na mesiac.

Le reste de la meute s'assit et se joignit au long hurlement.
Zvyšok svorky si sadol a pridal sa k dlhému zavýjaniu.
Et maintenant, l'appel est venu à Buck, indubitable et fort.
A teraz Buckovi prišlo volanie, nezameniteľné a silné.
Il s'assit, leva la tête et hurla avec les autres.
Sadol si, zdvihol hlavu a zavýjal spolu s ostatnými.
Lorsque les hurlements ont cessé, Buck est sorti de son abri rocheux.
Keď zavýjanie prestalo, Buck vyšiel zo svojho skalnatého úkrytu.
La meute se referma autour de lui, reniflant à la fois gentiment et avec prudence.
Svorka sa okolo neho zovrela a zároveň láskavo aj ostražito čuchala.
Les chefs ont alors poussé un cri et se sont précipités dans la forêt.
Potom vodcovia vyštekli a rozbehli sa do lesa.
Les autres loups suivirent, hurlant en chœur, sauvages et rapides dans la nuit.
Ostatné vlky ich nasledovali a zborovo kvílili, divoko a rýchlo v noci.
Buck courait avec eux, à côté de son frère sauvage, hurlant en courant.
Buck bežal s nimi vedľa svojho divokého brata a pri behu zavýjal.

Ici, l'histoire de Buck fait bien de se terminer.
Tu sa Buckov príbeh dobre končí.
Dans les années qui suivirent, les Yeehats remarquèrent d'étranges loups.
V nasledujúcich rokoch si Yeehatovci všimli zvláštnych vlkov.
Certains avaient du brun sur la tête et le museau, du blanc sur la poitrine.
Niektoré mali hnedú farbu na hlave a papuli, bielu na hrudi.
Mais plus encore, ils craignaient une silhouette fantomatique parmi les loups.
Ale ešte viac sa báli prízračnej postavy medzi vlkmi.

Ils parlaient à voix basse du Chien Fantôme, chef de la meute.

Šepkajúc hovorili o Duchovom psovi, vodcovi svorky.

Ce chien fantôme était plus rusé que le plus audacieux des chasseurs Yeehat.

Tento duchský pes bol prefíkanejší ako najodvážnejší lovec Yeehatov.

Le chien fantôme a volé dans les camps en plein hiver et a déchiré leurs pièges.

Duchovný pes kradol z táborov uprostred zimy a roztrhal im pasce.

Le chien fantôme a tué leurs chiens et a échappé à leurs flèches sans laisser de trace.

Duchový pes zabil ich psy a unikol ich šípom bez stopy.

Même leurs guerriers les plus courageux craignaient d'affronter cet esprit sauvage.

Dokonca aj ich najodvážnejší bojovníci sa báli čeliť tomuto divokému duchu.

Non, l'histoire devient encore plus sombre à mesure que les années passent dans la nature.

Nie, príbeh sa stáva ešte temnejším, ako roky plynú v divočine.

Certains chasseurs disparaissent et ne reviennent jamais dans leurs camps éloignés.

Niektorí lovci zmiznú a nikdy sa nevrátia do svojich vzdialených táborov.

D'autres sont retrouvés la gorge arrachée, tués dans la neige.

Iní sú nájdení s roztrhanými hrdlami, zabití v snehu.

Autour de leur corps se trouvent des traces plus grandes que celles que n'importe quel loup pourrait laisser.

Okolo ich tiel sú stopy – väčšie, než by dokázal vytvoriť ktorýkoľvek vlk.

Chaque automne, les Yeehats suivent la piste de l'élan.

Každú jeseň Yeehati sledujú stopu losa.

Mais ils évitent une vallée avec la peur profondément gravée dans leur cœur.

Ale jednému údolí sa vyhýbajú so strachom vrytým hlboko do sŕdc.

Ils disent que la vallée a été choisie par l'Esprit du Mal pour y vivre.

Hovorí sa, že toto údolie si za svoj domov vybral zlý duch.

Et quand l'histoire est racontée, certaines femmes pleurent près du feu.

A keď sa príbeh rozpráva, niektoré ženy plačú pri ohni.

Mais en été, un visiteur vient dans cette vallée tranquille et sacrée.

Ale v lete do toho tichého, posvätného údolia prichádza jeden návštevník.

Les Yeehats ne le connaissent pas et ne peuvent pas le comprendre.

Yeehati o ňom nevedia, ani by ho nemohli pochopiť.

Le loup est un grand loup, revêtu de gloire, comme aucun autre de son espèce.

Vlk je skvelý, oslávený, ako žiadny iný svojho druhu.

Lui seul traverse le bois vert et entre dans la clairière de la forêt.

On sám prechádza cez zelený les a vstupuje na lesnú čistinku.

Là, la poussière dorée des sacs en peau d'élan s'infiltre dans le sol.

Tam sa do pôdy vsiakne zlatý prach z vriec z losej kože.

L'herbe et les vieilles feuilles ont caché le jaune du soleil.

Tráva a staré listy skryli žltú farbu pred slnkom.

Ici, le loup se tient en silence, réfléchissant et se souvenant.

Tu vlk stojí v tichu, premýšľa a spomína.

Il hurle une fois, longuement et tristement, avant de se retourner pour partir.

Raz zavyje – dlho a žalostne – než sa otočí, aby odišiel.

Mais il n'est pas toujours seul au pays du froid et de la neige.

Napriek tomu nie je v krajine chladu a snehu vždy sám.

Quand les longues nuits d'hiver descendent sur les basses vallées.

Keď dlhé zimné noci zostúpia na dolné údolia.

Quand les loups suivent le gibier à travers le clair de lune et le gel.

Keď vlci sledujú zver v mesačnom svite a mraze.

Puis il court en tête du peloton, sautant haut et sauvagement.

Potom beží na čele svorky, vysoko a divoko skáče.

Sa silhouette domine les autres, sa gorge est animée par le chant.

Jeho postava sa týči nad ostatnými, z hrdla mu znie pieseň.

C'est le chant du monde plus jeune, la voix de la meute.

Je to pieseň mladšieho sveta, hlas svorky.

Il chante en courant, fort, libre et toujours sauvage.

Spieva, zatiaľ čo beží – silný, slobodný a navždy divoký.

www.ingramcontent.com/pod-product-compliance
Lightning Source LLC
Chambersburg PA
CBHW011732020426
42333CB00024B/2850